CLAVES EFECTIVAS PARA EL
LIDERAZGO DE ÉXITO

CLAVES EFECTIVAS PARA EL
LIDERAZGO DE ÉXITO

Sabiduría práctica para pastores principales escogidos por Dios para guiar la iglesia local a su visión y destino.

Con un prólogo por el Marcos Witt

Dr. Frank Damazio

PUBLICADO POR MANNAHOUSE RESOURCE
9200 NE Fremont St., Portland, OR 97220

Mannahouse Resource es un ministerio de Mannahouse dedicado a servir a la iglesia local y a sus líderes mediante la producción y distribución de materiales de calidad. Es nuestra oración que estos materiales, probados en el contexto de la iglesia local, equipen a los líderes para exaltar al Señor y extender Su reino. Para obtener una lista completa de los recursos, visita nuestro sitio web en www.mannahouseresource.com.

CLAVES EFECTIVAS PARA EL LIDERAZGO DE ÉXITO
Publicado originalmente en inglés bajo el titulo "Effective Keys to Successful Leadership" por Frank Damazio
© Derechos Reservados 1993, 2025 Frank Damazio
Todos los derechos reservados
ISBN 978-1-886849-97-6
ISBN (Inglés) 978-0-914936-54-1

Las citas bíblicas de este libro, a menos que se indique de otra manera, han sido tomadas de la versión Reina Valera © Sociedades Bíblicas Unidas 1960. Usada con permiso.

Traducido al español por Gerda Brown, Homero Ríos, y David Lont

Todos los derechos reservados. Ninguna parte de este libro puede ser reproducida o transmitida en ninguna forma ni por ningún medio, ya sea electrónico, mecánico, magnético, químico, óptico, manual o de cualquier otro tipo, incluyendo fotocopias, grabaciones o cualquier sistema de almacenamiento o recuperación de información, sin el permiso por escrito del editor. Todos los derechos para publicar este libro o partes del mismo en otros idiomas también pertenecen al editor.

RECONOCIMIENTO

A mi esposa Sharon que ha sido copartícipe conmigo en nuestra jornada de liderazgo. Ella ha mostrado una actitud semejante a Cristo en todas las situaciones, una perspectiva de fe en todas las decisiones de ministerio y ha sido un hermoso modelo de una madre cristiana a nuestros cuatro hijos, Nicole, Bethany, Andrew y Jessica.

CONTENIDO

Prólogo	ix
Prefacio	xi
Introducción	xiii
1- El Gobierno de la Casa	1
2- La Responsabilidad Gubernamental de los Ancianos	13
3- El Equipo de Liderazgo y el Hombre Clave	27
4- Problemas Comunes en el Liderazgo	43
5- Moisés: El Modelo del Hombre Clave	53
6- Moisés: Enseñando la Palabra de Dios	61
7- Moisés: Proveyendo de Líderes Calificados	71
8- Moisés: Manejando Conflictos en la Iglesia	83
9- Moisés: El Avance Espiritual de la Congregación	93
10- La Mezcla de Dones del Hombre Clave	101
11- El Perfil Ministerial del Hombre Clave	107
12- Las Tensiones Ministeriales y el Hombre Clave	119
13- Las Luchas Particulares del Hombre Clave	123
14- Liberando Recursos para la Visión	139
15- La Tentación Ministerial y el Hombre Clave	151
16- Los Principios y el Hombre Clave	157
17- La Oración y el Hombre Clave	173
18- El Hombre Clave y sus Sueños	189
Apéndice	199

PRÓLOGO

Se ha dicho en muchas ocasiones que la persona que piensa ser líder sólo tendrá que dar la media vuelta para ver si alguien lo está siguiendo y de esa manera confirmar si lo es o no. Si nadie le sigue, sólo se está dando un buen paseo.

En estos tiempos, es indispensable que conozcamos a fondo los principios bíblicos sobre el liderazgo para poder obtener el crecimiento de calidad que necesitamos en la Iglesia. Los líderes que no se dan el tiempo para estudiar y elevar sus conocimientos en el liderazgo, rápidamente se convierten en líderes frustrados, con influencia minimizada y su gente desesperada. Tal es el caso en muchos lugares de América Latina en nuestros tiempos. Tenemos el desafío de ver a multitudes llegar a los pies del Señor Jesús en salvación, sin ver que muchos de ellos continúen en el Señor, por una falta de líderes capacitados, que atiendan las verdaderas necesidades del pueblo. Existe en Ibero América el desafío de líderes auto-nombrados que cuentan con capacidades carismáticas y/o personalidades efusivas, sin poseer los fundamentos necesarios para llevar adelante un liderazgo eficaz y perdurable. Por ende, existe un sin número de hombres y mujeres que diariamente abandonan el liderazgo y, en muchos casos, dejan huella impactante negativa en sus comunidades al hacerlo. Esto es desastroso para ellos, para sus familias, para sus congregaciones y para el Reino.

A través de los 21 años que tengo en el ministerio, durante 16 de los cuales he estudiado arduamente sobre el liderazgo, he llegado a la conclusión de que la mayoría de los líderes que fracasan no lo hacen porque tienen corazones malos ni motivaciones impuras, sino porque no tienen la herramienta adecuada para liderar con efectividad. Sería como una persona que intenta comerse un sirloin (solomillo) con una cuchara. Posiblemente logre comerse la pieza entera, pero no será sin mucho esfuerzo innecesario y muchísima frustración, por no mencionar la cantidad de tiempo adicional que se llevará en terminarlo. Lo podría lograr mucho más rápidamente y con mucho más sencillez si lo hace con un tenedor y cuchillo. De la misma manera, existe una gran cantidad de líderes que no están experimentando el éxito en su efectividad, no porque sean personas malas, sino porque están mal capacitadas o mal habilitadas para la tarea. El mejor favor que podemos hacerles a esos líderes es entregarles la herramienta adecuada para la tarea que tienen que desempeñar.

Es por eso que recomiendo con gran gozo el libro que tiene usted en sus manos. En esta sencilla tesis, encontrará principios bíblicos que funcionan para un liderazgo neotestamentario. Frank Damazio es un hombre que he admirado por muchos años, no sólo como líder y pastor de una de las congregaciones de gran impacto en Norte América, sino como pensador y expositor disciplinado de las verdades que hacen funcionar el Reino del Señor en nuestros tiempos.

En las siguientes páginas, usted será desafiado a otras maneras de pensar. Quizá no estará de acuerdo con todo lo que leerá, pero permita que el Espíritu Santo le abra los oídos del entendimiento para recibir lo que Él desea sembrar en su corazón.

Mi deseo es que al finalizar este libro, sea para usted el inicio de una jornada continua de buscar elevar sus conocimientos de manera diaria con respecto a su liderazgo. Espero que Dios use los pensamientos que ha sembrado en el corazón de Frank Damazio para abrirnos los ojos a detalles que necesitamos implementar en nuestro liderazgo para multiplicar nuestra efectividad.

Si usted no lidera, alguien lo hará. Así que... ¡Lidere!

—MARCOS WITT

PREFACIO

El Dr. Martin Loyd Jones dijo que un hombre debiera entrar en el ministerio cristiano, solamente si no puede permanecer fuera de él. ¡Fracasé al tratar de quedarme fuera! Mientras guiaba un equipo que comenzaba una nueva iglesia, de la cual fui pastor los siguientes doce años, la declaración del Dr. Jones grabó una huella indeleble en mi corazón. A la edad de treinta años, nunca habiendo sido Pastor principal, no tenía idea de lo que me estaba reservado.

Sabía que predicar era importante y que las habilidades para relacionarse con la gente eran altas en la lista de prioridades. Sin embargo, realmente no estaba preparado para vestir los distintos sombreros que adornan al pastor principal: El predicador, el consejero, el teólogo, el patrón, el analista cultural, el que hace decisiones, el estratega, el administrador, el que planea finanzas y el moderador de conflictos. Mirando retrospectivamente, recuerdo el aguijonazo al tratar con sorpresas que llegan aun a ministerios con éxito. No estuve consciente del conocimiento que necesitaba sobre inversiones en propiedad, construcción, educación de niños, normas de seguridad en edificios, lineamientos de la iglesia, constituciones, oradores para la juventud, las capillas de los niños, las filosofías del día, etc.

La escuela bíblica me había dado un excelente entrenamiento. Mi experiencia como anciano en una iglesia grande y dinámica, como instructor en la escuela bíblica, y como un orador en el seminario, era envidiable. Ya había escrito el libro titulado La Hechura de un Líder, sin embargo, me encontré no preparado plenamente para mi nueva aventura, como el capitán de ese barco.

He sufrido algunas heridas, me he quedado corto en

algunas metas de ministerio, hice varias decisiones no muy sabias, y tuve que trabajar en algunas de mis actitudes equivocadas, pero por la gracia de Dios, la iglesia sobrevivió y lo hice yo también. De hecho, soy un hombre diferente a causa de eso. No tengo recriminaciones. Si lo tuviera que hacer todo otra vez, lo haría bajo las mismas opciones. Este libro es una muestra de lo que he aprendido siendo el Hombre Clave, puesto en el liderazgo por Dios como el pastor principal de una iglesia. Si usted es un pastor principal o está trabajando con uno, es mi esperanza que este libro sea de ayuda y ánimo mientras usted edifica la Iglesia de Dios.

INTRODUCCIÓN

Cuando una iglesia local adopta un concepto de gobierno para sí, está formando su propio destino. El gobierno de la iglesia es el canal a través del cual fluye la visión. Dios siempre escoge a sus líderes cuidadosamente, los equipa y libera para cumplir la visión ordenada por él. Él da a cada iglesia local un destino para cumplir.

El pastor principal y otros líderes implementan la visión mediante trabajo de equipo, confirmando y liberando ministerios. Muchas veces hemos sido testigos del abandono de una gran visión a causa de división en el liderazgo o de una estructura equivocada en la iglesia.

Nm. 27:16 Ponga Jehová, Dios de los espíritus de toda carne, un varón sobre la congregación.

El pastor principal es el líder clave en la estructura del liderazgo de Dios. Su oficio o ministerio puede ser descrito como el de un supervisor general, un anciano que preside, el primero entre iguales, el pastor principal, el ministro de señorío, o como el Hombre Clave. Él es la persona que está a cargo, el que tiene la responsabilidad dada por Dios de guiar y dirigir la iglesia local. Sus responsabilidades afectan cada aspecto de la vida de la iglesia local. Si este líder verdaderamente es escogido por Dios para establecer la visión, hacer decisiones (juntamente con los ancianos), motivar a la congregación, y si fielmente busca a Dios, entonces el destino de esa iglesia será realizado maravillosamente.

Entonces respondió Moisés a Jehová, diciendo: Ponga Jehová, Dios de los espíritus de toda carne, un varón sobre la congregación, que salga delante de ellos y que entre delante de ellos, que los saque y los introduzca, para que la congregación de Jehová no sea como ovejas sin pastor. Y Jehová dijo a Moisés: Toma a Josué hijo de Nun, varón en el cual hay espíritu, y pondrás tu mano sobre él; y lo pondrás delante del sacerdote Eleazar, y delante de toda la congregación; y le darás el cargo en presencia de ellos. Y pondrás de tu dignidad sobre él, para que toda la congregación de los hijos de Israel le obedezca. Él se pondrá delante del sacerdote Eleazar, y le consultará por el juicio del Urim delante de Jehová; por el dicho de él saldrán, y por el dicho de él entrarán, él y todos los hijos de Israel con él, y toda la congregación. Y Moisés hizo como Jehová le había mandado, pues tomó a Josué y lo puso delante del sacerdote Eleazar, y de toda la congregación; y puso sobre él sus manos, y le dio el cargo, como Jehová había mandado por mano de Moisés (Nm. 27:15-23).

Y pondré un pastor sobre todo mi pueblo, a mi siervo David. Él las apacentará y será su pastor (Ez. 34:23, Biblia al Día).

Mirad también la naves; aunque tan grandes, y llevadas de impetuosos vientos, son gobernadas con un muy pequeño timón por donde el que las gobierna quiere (Stg. 3:4).

En este estudio el término Hombre Clave es definido como:

> Un timonel que se para en su posición de liderazgo para dirigir y manejar la iglesia en todas las áreas de vida espiritual y hacer realidad la visión. Él dirige el barco conforme a su don dado por Dios para guiar, su conocimiento bíblico de la visión divina, y su carácter probado. Él tiene la habilidad de levantar líderes y trabajar en equipo para preparar la iglesia en el cumplimiento de la tarea dada por Dios. El Hombre Clave es el pastor principal de la iglesia local, o el líder clave en cualquier organización.

Este estudio examina el ministerio multiforme de esta posición crucial y ofrece sabiduría práctica a aquellos que desean llegar a ser timoneles sabios, dirigiendo hábilmente sus barcos a través de los mares de la vida, sean calmados o tempestuosos.

CAPÍTULO UNO

EL GOBIERNO DE LA CASA

Puntos Sobresalientes

✦ Dios escoge, llama y equipa líderes para su pueblo.

✦ La estructura de autoridad determina el proceso de hacer decisiones en la iglesia local, los límites de crecimiento, y la filosofía del liderazgo.

✦ Cada iglesia local es responsable por las almas que Dios le da.

✦ La iglesia local es:
  - Un lugar de habitación para la presencia de Dios.
  - Un vehículo para el mover del Espíritu Santo de Dios.

La forma del gobierno de la iglesia claramente establecido en la Escritura es teocrático en naturaleza. No es autocrático, gobernado por un hombre; tampoco es burocrático, gobernado por unos pocos; no es democrático, gobernado por el pueblo. En una teocracia, Dios escoge, llama, y equipa a ciertas personas para ser los líderes y gobernantes de su pueblo. Él delega una medida de autoridad a ellos, de acuerdo a su voluntad. Los líderes de la iglesia local del Nuevo Testamento son identificados como ancianos.

Los ancianos son registrados en la Escritura como un grupo, con un sustantivo plural (Tit. 1:5; Stg. 5:14). Juntos, los ancianos pastorean la congregación. El Nuevo Testamento nos muestra un liderazgo plural funcionando y ejerciendo autoridad.

En cada grupo local de ancianos, la Escritura apunta a uno que tiene el manto de supervisor general o ministerio apostólico y quien es reconocido como el Hombre Clave por Dios, para ser el anciano que preside o el pastor principal de esa iglesia local (Hch. 14:14, 21-23; Hch. 15:6,22; Hch. 21:17,18; Hch. 20:28-31). En el Nuevo Testamento, la iglesia fue guiada por el apóstol Santiago y los ancianos; Bernabé, Pablo y los ancianos; Timoteo y los ancianos; Pedro y los ancianos.

Note los siguientes pasajes que se refieren a ancianos como el cuerpo gobernante de la iglesia local:

Lo cual en efecto hicieron, enviándolo a los ancianos por mano de Bernabé y de Saulo (Hch. 11:30).

Y constituyeron ancianos en cada iglesia, y habiendo orado con ayunos, los encomendaron al Señor en quien habían creído (Hch. 14:23).

Y al pasar por las ciudades, les entregaban las ordenanzas que habían acordado los apóstoles y los ancianos que estaban en Jerusalén, para que las guardasen (Hch. 16:4).

Ruego a los ancianos que están entre vosotros, yo anciano también con ellos, y testigo de los padecimientos de Cristo, que soy también participante de la gloria que será revelada (1 P.5:1).

Enviando, pues, desde Mileto a Efeso, hizo llamar a los ancianos de la iglesia (Hch. 20:17).

Acordaos de vuestros pastores, que os hablaron la palabra de Dios; considerad cuál haya sido el resultado de su conducta, e imitad su fe (He. 13:7).

Obedeced a vuestros pastores, y sujetaos a ellos; porque ellos velan por vuestras almas, como quienes han de dar cuenta; para que lo hagan con alegría, y no quejándose, porque esto no os es provechoso (He. 13:17).

(Vea también Hch. 15:4-23; 1 Ti. 5:17-20; Stg. 5:14; Tit. 1:5-11).

El patrón neotestamentario del gobierno teocrático refleja el patrón establecido en el Antiguo Testamento. En el Antiguo Testamento, la congregación era guiada por Moisés y los ancianos; Samuel y los ancianos; Esdras y los ancianos; Jeremías y los ancianos; y Joel y los ancianos. Cuando Moisés se acercaba al fin de su ministerio, pidió al Señor establecer un Hombre Clave sobre la congregación para guiar al pueblo, como él lo había hecho.

Entonces respondió Moisés a Jehová, diciendo: Ponga Jehová, Dios de los espíritus de toda carne, un varón sobre la congregación, que salga delante de ellos y que entre delante de ellos, que los saque y los introduzca, para que la congregación de Jehová no sea como ovejas sin pastor (Nm.27:15-17).

El Señor seleccionó a Josué quien fue puesto ante Eleazar el sacerdote y la congregación mientras Moisés transfería la autoridad del liderazgo a él.

Cristo gobierna a través de líderes escogidos y calificados que él ha ordenado para la tarea.

Cada gobierno tiene una cabeza. Sin una cabeza el gobierno no funciona bien. La cabeza es el lugar de autoridad. Cristo es la cabeza de la Iglesia. Cristo establece su liderazgo, su autoridad, su señorío, su gobierno y también su reinado (Col. 1:20-22; Is. 9:6-7).

Cristo es la cabeza de la iglesia local, así gobierna a través de líderes escogidos y calificados que él ha ordenado para esta tarea.

Y él mismo constituyó a unos, apóstoles; a otros, profetas: a otros, evangelistas; a otros, pastores y maestros, a fin de perfeccionar a los santos para la obra del ministerio, para la edificación del cuerpo de Cristo (Ef. 4:11,12).

Los ancianos que gobiernan bien, sean tenidos por dignos de doble honor, mayormente los que trabajan en predicar y enseñar (1 Ti. 5:17).

El gobierno teocrático es el poder y la autoridad de Dios a través del liderazgo plural que la Biblia llama ancianos, con un anciano guiador, el pastor principal u Hombre Clave, quien es el líder del equipo de liderazgo. Los ancianos deben calificar bíblicamente, ser unidos en un corazón por el Espíritu Santo, y entender su función de equipar, cuidar y proteger al rebaño de Dios. Los ancianos funcionarán bien cuando aman, honran y respetan al Hombre Clave y los unos a los otros, permitiendo que la unidad y fortaleza saturen su relación. La Iglesia es una sociedad dentro de una sociedad, una comunidad dentro de una comunidad, una nación dentro de una nación y una institución de gobierno divino dentro de una institución de gobierno humano. Éste es, de acuerdo a las Escrituras, el vehículo para el Reino de Dios.

Cada iglesia local tiene alguna forma de gobierno. La autoridad en la iglesia local permite a los líderes dar dirección, gobernar, o manejar todos los asuntos de la iglesia. El gobierno de la iglesia local o la estructura de autoridad determinarán el proceso de hacer decisiones dentro de la iglesia, los límites de crecimiento, y la filosofía del liderazgo.

Es de suma importancia que los líderes de la iglesia edifiquen con lineamientos bíblicos y sabiduría divina. Los ancianos, especialmente el Hombre Clave, deben tener un entendimiento bíblico claramente establecido del gobierno de la iglesia, tanto espiritual como prácticamente.

Efesios 2:20 dice que la Iglesia es edificada sobre el fundamento de los apóstoles y profetas, siendo la principal piedra del ángulo Jesucristo mismo. Cristo mismo comenzó la Iglesia y, hoy, él permanece ocupado edificándola. Dos veces en los evangelios, Cristo mencionó específicamente la Iglesia. Una de ellas se refiere a la Iglesia universal y mística, y la otra se refiere a la asamblea de creyentes visible y local.

Acerca de la Iglesia universal, Cristo dijo:

Y yo también te digo, que tú eres Pedro, y sobre esta roca edificaré mi iglesia; y las puertas del Hades no prevalecerán contra ella. Y a ti te daré las llaves del reino de los cielos; y todo lo que atares en la tierra será atado en los cielos; y todo lo que desatares en la tierra será desatado en los cielos. Entonces mandó a sus discípulos que a nadie dijesen que él era Jesús el Cristo (Mt. 16:18-20).

Acerca de la iglesia local, Cristo dijo:

Mas si no te oyere, toma aún contigo a uno o dos, para que en boca de dos o tres testigos conste toda palabra. Si no los oyere a ellos, dilo a la iglesia; y si no oyere a la iglesia, tenle por gentil y publicano. De cierto os digo que todo lo que atéis en la tierra, será atado en el cielo; y todo lo que desatéis en la tierra, será desatado en el cielo. Otra vez os digo, que si dos de vosotros se pusieren de acuerdo en la tierra acerca de cualquiera cosa que pidieren, les será hecho por mi Padre que está en los cielos. Porque donde están dos o tres congregados en mi nombre, allí estoy yo en medio de ellos (Mt. 18:16-20).

En la iglesia local un grupo de personas de cierta localidad se reúnen a la persona de Cristo y son identificados por una confesión de fe, un estilo de vida disciplinado, y un gobierno de ministerios vigilantes que Cristo ha establecido en ella. La iglesia local obedece a Cristo y enseña de él de acuerdo a la gran comisión, establece el primer principio de Cristo, y mantiene la memoria de su muerte y resurrección a través de la comunión.

La iglesia local es un pueblo que se reúne para un propósito, está estructurado en un patrón del Nuevo Testamento, vive un estilo de vida detallado, y abraza las prioridades neotestamentarias.

No es suficiente pertenecer a la Iglesia invisible y mística.

Cristo hace a cada iglesia local responsable por las almas que Dios le da. La iglesia local es responsable de esas almas. En el libro de los Hechos los creyentes fueron añadidos a la iglesia (2:41). ¡Los creyentes eran numerados y cuidados! Hechos provee evidencia de expresiones visibles y prácticas a causa de la membresía e identificación con la iglesia. No era suficiente para los creyentes pertenecer a la Iglesia invisible y mística; la membresía era expresada prácticamente al pertenecer a la iglesia visible y local. (Hch. 2:41,47; Lc. 9:1,2; Lc. 10:1,2; Hch. 1:15)

La palabra griega traducida iglesia es la palabra *ekklesia*, la cual significa llamados fuera para el propósito de reunirse como una congregación o una asamblea. La *ekklesia* es la gente llamada y ensamblada por Dios, llamada a reunirse para escuchar o actuar por Dios. La iglesia local es una congregación con obispos, diáconos y santos.

Pablo y Timoteo, siervos de Jesucristo, a todos los santos en Cristo Jesús que están en Filipos, con los obispos y diáconos (Fil. 1:1).

La iglesia local es un lugar de habitación para la presencia de Dios, y un vehículo para el mover de su Espíritu Santo.

Ahora bien, hay diversidad de dones, pero el Espíritu es el mismo. Y hay diversidad de ministerios, pero el Señor es el mismo. Y hay diversidad de operaciones, pero Dios que hace todas las cosas en todos, es el mismo. Pero a cada uno le es dada la manifestación del Espíritu para provecho. Porque a éste es dada por el Espíritu palabra de sabiduría; a otro palabra de ciencia según el mismo Espíritu; a otro, fe por el mismo Espíritu; y a otro, dones de sanidades por el mismo Espíritu. A otro, el hacer milagros; a otro, profecía; a otro, discernimiento de espíritus; a otro, diversos géneros de lenguas; y a otro, interpretación de lenguas. Pero todas estas cosas las hace uno y el mismo Espíritu, repartiendo a cada uno en particular como él quiere (1 Co. 12:4-11).

La iglesia local es el cuerpo de Cristo donde los miembros se reúnen en una entrega de familia para cumplir sus ministerios dados por Dios.

A fin de perfeccionar a los santos para la obra del ministerio, para la edificación del cuerpo de Cristo, hasta que todos lleguemos a la unidad de la fe y del conocimiento del Hijo de Dios, a un varón perfecto, a la medida de la estatura de la plenitud de Cristo; para que ya no seamos niños fluctuantes, llevados por doquiera de todo viento de doctrina, por estratagema de hombres que para engañar emplean con astucia las artimañas de error, sino que siguiendo la verdad en amor, crezcamos en todo en aquel que es la cabeza, esto es, Cristo, de quien todo el cuerpo, bien concertado y unido entre sí por todas las coyunturas que se ayudan mutuamente, según la actividad propia de cada miembro, recibe su crecimiento para ir edificándose en amor (Ef. 4:12-16).

La iglesia local es una escuela espiritual donde la gente es equipada y soltada a los propósitos dados por Dios.

La iglesia local es una asamblea para adoración corporal donde la gente se reúne para levantar el nombre de Cristo a través de alabanza y adoración audible (vea He. 13:12-15). La iglesia local es una escuela donde las personas son equipadas y soltadas a los propósitos dados por Dios (vea Ef. 4:11,12). La iglesia local es también un hospital espiritual donde los ministerios levantan a aquellos que están enfermos y debilitados no solamente del cuerpo, sino también de su alma y espíritu. La iglesia local es un centro de liberación espiritual para los prisioneros de guerra. El poder del Espíritu Santo en y a través de la iglesia local libera y suelta a personas atadas y aprisionadas por el enemigo.

En cada ciudad, Cristo tiene una iglesia compuesta de muchas congregaciones que son parte de ella. La responsabilidad de cada iglesia local es estar bajo el señorío de Cristo y edificar de acuerdo al patrón bíblico (vea Col. 1:16-20).

Las iglesias locales deben ser independientes, autogobernables, y autoproductivas.

Las iglesias locales deben reconocer la soberanía de las demás bajo el señorío de Cristo y no buscar dominar las unas a las otras. De acuerdo al Nuevo Testamento no hay denominaciones estructuradas que dominan iglesias locales. Cada una debe ser independiente, autogobernable, y autoproductiva. Las iglesias locales debieran respetarse la una a la otra y fluir juntas en unidad, mientras mantienen sus personalidades y llamamientos peculiares. La iglesia local tiene la responsabilidad de entrenar a sus propios líderes (Ef. 4:11-14). Cada iglesia local tiene también las responsabilidad de ministrar localmente a su ciudad o área, y estar involucrada nacional e internacionalmente. La iglesia local es para establecer un fundamento bíblico de Cristo y los apóstoles, sobre el cual debe edificarse la casa de Dios, con una visión específica dada a esa iglesia local. (vea Ef. 2:10-22).

CAPÍTULO DOS

LA RESPONSABILIDAD GUBERNAMENTAL DE LOS ANCIANOS

Puntos Sobresalientes

- ✦ El Nuevo Testamento lista las funciones del ministerio de los ancianos.

- ✦ Los ministerios del equipo de una iglesia trabajan en compañerismo con los ancianos.

- ✦ Los ancianos protegen a la iglesia de un pastor que gobierna como un tirano, quien lastima, despide, y domina a la gente.

El Nuevo Testamento específicamente lista varias funciones del ministerio de los ancianos. Los ancianos gobiernan la iglesia local en todos los asuntos concernientes a doctrina, moralidad, disciplina de la iglesia e integridad financiera. La visión o dirección de la iglesia es establecida por el Hombre Clave como pastor principal de la iglesia. Su equipo de ancianos no origina la visión, pero a menudo comparte una participación con él al establecerla.

Aquellos que gobiernan la vida espiritual de la iglesia deben también gobernar las finanzas.

Usualmente una iglesia local de éxito será establecida por un líder con uno de los cinco ministerios de la ascensión, y con los dones de 1 Corintios 12 como gobierno y Romanos 12 como liderazgo.

Los ancianos conforman el consejo facultativo encargado de mantener el presupuesto y los aspectos de negocios de la iglesia. Estos deben ser manejados por el cuerpo gubernamental de la iglesia, no por los diáconos que representan el servicio en el cuerpo de la iglesia.

Algunos gobiernos de Iglesias permiten que la actividad espiritual sea ocupada o cuidada por los ancianos, y las actividades prácticas son cuidadas por los diáconos o por los ministerios laicos, especialmente el manejo de las finanzas. Esta estructura puede crear mucha tensión y mal entendimiento en el ministerio. Aquellos que gobiernan la vida espiritual de la iglesia deben también gobernar la vida financiera de la iglesia con contabilidad y credibilidad.

El presupuesto anual debiera ser confirmado por el cuerpo completo de ancianos, pero las actividades cotidianas pueden ser desarrolladas por un consejo constituido de ancianos, a los cuales les puede ser confiado también el ministerio de las finanzas.

El pastor principal debe ser el pastor gobernante o el pastor encargado de todas las reuniones de los ancianos. El equipo de ancianos no debe reunirse para negocios o hacer decisiones sin la presencia o permiso del Pastor principal.

> **El pastor sabio involucra a los ancianos en el grupo clave que hace las decisiones laborales.**

Los ministerios facultativos de una iglesia trabajan en sociedad con el cuerpo de ancianos. Los ministerios de ayuda o de apoyo están bajo la vigilancia directa del pastor principal. El pastor principal tiene la autoridad de impedir o liberar ministerios colaboradores en conjunto con el consejo o con la junta de directores. Aun así, mientras el pastor principal retiene esta autoridad, él es sabio para involucrar a los ancianos en el grupo clave que hace las decisiones laborales, para beneficiarse de su sabiduría y conocimiento de la gente involucrada.

Si el pastor principal despide a algún colaborador, o a uno de los ancianos, entonces llega a ser un asunto de los ancianos. Si un ministerio facultativo es despedido por el pastor principal y este ministro siente que ha sido tratado en una manera injusta, él puede traer este asunto delante de los ancianos. Esto mantiene un freno o equilibrio sobre el pastor, quien pudiera gobernar en una manera tirana hiriendo, despidiendo, o dominando a la gente sin el consejo del resto de los ancianos.

Los ancianos deben tener la autoridad final en todas las decisiones concernientes a la compra o venta de propiedades o edificios, así como aventurarse a nuevas construcciones. La siguiente lista incluye las funciones de ministerio dadas específicamente a los ancianos en la Escritura. También están listadas otras funciones que corresponden a los ancianos. Esas otras funciones son también encontradas a través de la Biblia.

1. Un anciano debe ser un **supervisor**.

Por tanto, mirad por vosotros, y por todo el rebaño en que el Espíritu Santo os ha puesto por obispos, para apacentar la iglesia del Señor, la cual él ganó por su propia sangre (Hch. 20:28).

(Vea también 1 P. 2:25.)

2. Un anciano debe ser un **gobernante**. La palabra griega proistemi significa pararse enfrente, presidir, practicar.

Los ancianos que gobiernan bien, sean tenidos por dignos de doble honor, mayormente los que trabajan en predicar y enseñar (I Ti. 5:17).

(Vea también Ro. 12:8; 1 Ti. 3:4,5,12; 5:17; 1 Ts. 5:12.)

3. Un anciano debe ser un **alimentador**. La palabra griega que traducimos como pastor significa atender como uno que cuida o alimenta.

Por tanto, mirad por vosotros, y por todo el rebaño en que el Espíritu Santo os ha puesto por obispos, para apacentar la iglesia del Señor, la cual él ganó por su propia sangre (Hch. 20:28).

(Vea también Jn. 1:15.)

4. Un anciano debe ser un **guerrero de oración.**

Y la oración de fe salvará al enfermo, y el Señor lo levantará; y si hubiere cometido pecados, le serán perdonados. Confesaos vuestras ofensas unos a otros, y orad unos por otros, para que seáis sanados. La oración eficaz del justo puede mucho (Stg. 5:15,16).

(Vea también Ap. 5:8; 8:3,4.)

5. Un anciano debe ser un **atalaya.** La palabra griega que traducimos como uno que observa, significa uno que se mantiene despierto.

Bienaventurados aquellos siervos a los cuales su señor, cuando venga, halle velando; de cierto os digo que se ceñirá, y hará que se sienten a la mesa, y vendrá a servirles (Lc.12:37).

(Vea también Hch. 20:28-30; 1 Ts. 5:6; Lc. 12:39; Ez. 33:6,7.)

6. Un anciano debe ser un **estudiante** de la palabra.

Procura con diligencia presentarte a Dios aprobado, como obrero que no tiene de qué avergonzarse, que usa bien la palabra de verdad (2 Ti. 2:15).

(Vea también 2 Ti. 3:16,17; Tit. 3:9.)

7. Un anciano debe ser capaz de **enseñar** doctrina sana.

Pero es necesario que el obispo sea irreprensible, marido de una sola mujer, sobrio, prudente, decoroso, hospedador, apto para enseñar (I Ti. 3:2).

(Vea también 2 Ti. 2:24; Tit. 1:7.)

8. Un anciano debe **mostrar compasión.**

Yo buscaré la perdida, y haré volver al redil la descarriada, vendaré la perniquebrada, y fortaleceré la débil; mas a la engordada y a la fuerte destruiré; las apacentaré con justicia (Ez. 34:16).

(Vea también 1 Ti. 3:2.)

9. Un anciano debe ser un **ejemplo** en todo lo que es, todo lo que dice, y todo lo que hace. Él debe ser ejemplar en su carácter, su estilo de vida, su vida familiar, su trabajo y su matrimonio.

No como teniendo señorío sobre los que están a vuestro cuidado, sino siendo ejemplos de la grey (1 P. 5:3).

(Vea también Fil. 3:17; 2 Ts. 3:9; 1 Ti. 4:12.)

10. Un anciano debe ser un **líder.**

Acordaos de vuestros pastores, que os hablaron la palabra de Dios; considerad cuál haya sido el resultado de su conducta, e imitad su fe (He. 13:7).

(Vea también He. 13:17; Lc. 22:26.)

11. Un anciano es llamado a un **servicio de sacrificio.**

Grandes multitudes iban con él; y volviéndose, les dijo: Si alguno viene a mí, y no aborrece a su padre, y madre, y mujer, e hijos, y hermanos, y hermanas, y aun también su propia vida, no puede ser mi discípulo. Y el que no lleva su cruz y viene en pos de mí, no puede ser mi discípulo. Porque ¿Quién de vosotros, queriendo edificar una torre, no se sienta primero y calcula los gastos, a ver si tiene lo que necesita para acabarla? No sea que después que haya puesto el cimiento, y no pueda acabarla, todos los que lo vean comiencen a hacer burla de él, diciendo: Este hombre comenzó a edificar, y no pudo acabar. ¿O qué rey, al marchar a la guerra contra otro rey, no se sienta primero y considera si puede hacer frente con diez mil al que viene contra él con veinte mil? Y si no puede, cuando el otro está todavía lejos, le envía una embajada y le pide condiciones de paz. Así, pues, cualquiera de vosotros que no renuncie a todo lo que posee, no puede ser mi discípulo (Lc. 14:25-33).

(Vea también 2 S. 24:24; Ro. 12:1,2; Mr. 10:42-44.)

12. Un anciano debe ser un **consejero sabio**.

Porque con ingenio harás la guerra, y en la multitud de consejeros está la victoria (Pr. 24:6)

(Vea también Mr. 15:43; Lc. 23:50; Sal. 16:7; Pr. 1:25 y 30; Pr. 20:18; Pr. 11:14; Pr. 15:22; Is. 9:16.)

13. Un anciano debe **trabajar duro**.

Porque por la obra de Cristo estuvo próximo a la muerte, exponiendo su vida para suplir lo que faltaba en vuestro servicio por mí (Fil. 2:30).

(Vea también 1 Ti. 3:1; 1 Ts. 5:13; 1 Co. 3:13-15; Ef. 4:12; Pr. 24:30-34.)

14. Un anciano debe **llevar** la carga.

Ellos juzgarán al pueblo en todo tiempo; y todo asunto grave lo traerán a ti, y ellos juzgarán todo asunto pequeño. Así aliviarás la carga de sobre ti, y la llevarán ellos contigo (Ex. 18:22).

(Vea también Dt. 1:12; Nm. 11:11,17; Gá. 6:5.)

15. Un anciano debe ser uno que ama, funciona y es parte de un equipo.

Y el que planta y el que riega son una misma cosa; aunque cada uno recibirá su recompensa conforme a su labor. Porque nosotros somos colaboradores de Dios, y vosotros sois labranza de Dios, edificio de Dios (1 Co. 3:8,9).

(Vea también Ec. 4:9-12; Ro. 12:3-5; Mt. 18:19-20.)

16. Un anciano debe **animar** a los hermanos.

Manzana de oro con figuras de plata es la palabra dicha como conviene (Pr. 25:11).

(Vea también Gá. 6:1,2; Fil. 2:25-27; 2 Ti. 1:2-4; Fil. 1:10-18; Pr. 16:24.)

17. Un anciano debe **compartir la misma visión** con el pastor principal y con los otros ancianos, y promover la unidad en la iglesia.

Os ruego, pues, hermanos, por el nombre de nuestro Señor Jesucristo, que habléis todos una misma cosa, y que no haya entre vosotros divisiones, sino que estéis perfectamente unidos en una misma mente y en un mismo parecer (1 Co. 1:10).

(Vea también Zac. 4:1-6; Sal. 133; Ef. 4:1-3; Is. 65:8; Sal. 133:1-2.)

18. Un anciano debe ser **transparente**.

Mejor es reprensión manifiesta que amor oculto. Fieles son las heridas del que ama; pero importunos los besos del que aborrece (Pr. 27:5-6).

19. Un anciano debe ser **sumiso**.

Ruego a los ancianos que están entre vosotros, yo anciano también con ellos, y testigo de los padecimientos de Cristo, que soy también participante de la gloria que será revelada: Apacentad la grey de Dios que está entre vosotros, cuidando de ella, no por fuerza, sino voluntariamente; no por ganancia deshonesta, sino con ánimo pronto; no como teniendo señorío sobre los que están a vuestro cuidado, sino siendo ejemplos de la grey (1 P. 5:1-3).

20. Un anciano debe ser un **dador liberal**.

Cuanto a la ministración para los santos, es por demás que yo os escriba; pues conozco vuestra buena voluntad, de la cual yo me glorío entre los de Macedonia, que Acaya está preparada desde el año pasado; y vuestro celo ha estimulado a la mayoría. Pero he enviado a los hermanos, para que nuestro gloriarnos de vosotros no sea vano en esta parte; para que como lo he dicho, estéis preparados; no sea que si vinieren conmigo algunos macedonios, y os hallaren desprevenidos, nos avergoncemos nosotros, por no decir vosotros, de esta nuestra confianza. Por tanto, tuve por necesario exhortar a los hermanos que fuesen primero a vosotros y preparasen primero vuestra generosidad antes prometida, para que esté lista como de generosidad, y no como de exigencia nuestra. Pero esto digo: el que siembra escasamente, también segará escasamente; y el que siembra generosamente, generosamente también segará (2 Co. 9:1-6).

(Vea también 2 Co. 8:1-15; Mal. 3:4-12.)

21. Un anciano debe tener una actitud **positiva**.

Haced todo sin murmuraciones y contiendas, para que seáis irreprensibles y sencillos, hijos de Dios sin mancha en medio de una generación maligna y perversa, en medio de la cual resplandecéis como luminares en el mundo (Fil. 2:14-15).

(Vea también Jn. 6:43; Fil. 1:27.)

22. Un anciano debe llevar un estilo de vida **disciplinado**.

Así que, cada uno someta a prueba su propia obra, y entonces tendrá motivo de gloriarse sólo respecto de sí mismo, y no en otro (Gá. 6:4).

(Vea también Pr. 16:32.)

23. Un anciano debe ser un hombre de **fe**, uno que se levanta al desafío.

Añadió David: Jehová, que me ha librado de las garras del león y de las garras del oso, él también me librará de la mano de este filisteo. Y dijo Saúl a David: Ve, y Jehová esté contigo (I S. 17:37).

(Vea también Dt. 32:20; Jos. 1:1-16.)

24. Un anciano debe ser un **adorador**.

Los veinticuatro ancianos se postran delante del que está sentado en el trono, y adoran al que vive por los siglos de los siglos, y echan sus coronas delante del trono, diciendo: Señor, digno eres de recibir la gloria y la honra y el poder; porque tú creaste todas las cosas, y por tu voluntad existen y fueron creadas (Ap. 4:10,11).

(Vea también Ap. 4:5-11; Ap. 5:1-10.)

25. Un anciano debe ser un **protector** del rebaño.

Por tanto, mirad por vosotros, y por todo el rebaño en que el Espíritu Santo os ha puesto por obispos, para apacentar la iglesia del Señor, la cual él ganó por su propia sangre, porque yo sé que después de mi partida entrarán en medio de vosotros lobos rapaces que no perdonarán al rebaño. Y de vosotros mismos se levantarán hombres que hablen cosas perversas para arrastrar tras sí a los discípulos. Por tanto, velad, acordándoos que por tres años, de noche y de día, no he cesado de amonestar con lágrimas a cada uno (Hch. 20:28-31).

26. Un anciano debe ser **lleno** con el Espíritu Santo.

Yo a la verdad os he bautizado con agua; pero él os bautizará con el Espíritu Santo (Mr. 1:8).

(Vea también Jl. 2:28; Hch. 2:4.)

27. Un anciano debe ser **motivado**.

La mano de los diligentes señoreará; mas la negligencia será tributaria (Pr. 12:24).

(Vea también Pr. 18:9; Fil. 3:13,14.)

28. Un anciano debe **conocer** su don de gracia y las limitaciones de su don.

Digo, pues, por la gracia que me es dada, a cada cual que está entre vosotros, que no tenga más alto concepto de sí que el que debe tener, sino que piense de sí con cordura, conforme a la medida de fe que Dios repartió a cada uno. Porque de la manera que en un cuerpo tenemos muchos miembros, pero no todos los miembros tienen la misma función, así nosotros, siendo muchos, somos un cuerpo en

LA RESPONSABILIDAD GUBERNAMENTAL DE LOS ANCIANOS 25

Cristo, y todos miembros los unos de los otros. De manera que, teniendo diferentes dones, según la gracia que nos es dada, si el de profecía, úsese conforme a la medida de la fe; o si de servicio, en servir; o el que enseña, en la enseñanza; el que exhorta, en la exhortación; el que reparte, con liberalidad; el que preside, con solicitud; el que hace misericordia, con alegría. (Ro. 12:3-8).

(Vea también 1 Co. 12:28; Ef. 4:7-11; 1 P.4:10; 1 Ti. 4:14,15; 2 Ti. 1:6,7.)

29. Un anciano debe **escuchar** la crítica constructiva.

Escucha el consejo, y recibe la corrección, para que seas sabio en tu vejez (Pr. 19:20).

30. Un anciano debe **practicar** la lealtad.

En todo tiempo ama el amigo, y es como un hermano en tiempo de angustia (Pr. 17:17).

Para las cualidades de carácter de un anciano, lo refiero a mi libro La Hechura de un Líder[1].

CAPÍTULO TRES

EL EQUIPO DE LIDERAZGO Y EL HOMBRE CLAVE

Puntos Sobresalientes

- Todos los ministerios tienen valor.
- El ministerio de un solo hombre es limitado.
- Llevar la carga solo exige un precio.
- Las convicciones apoyan la creatividad y la fidelidad.
- Se debe establecer y ejecutar las metas del equipo.
- Una actitud de poner todo su esfuerzo motiva a los miembros del equipo.
- El Hombre Clave equipa y desarrolla líderes.

Ha sido probado a través de las Escrituras y la historia que el concepto de equipo o el principio del ministerio de ayuda es una de las dinámicas más eficaces de una iglesia local, saludable y exitosa. Mientras edificamos Iglesias fuertes y duraderas, queremos aprender de los errores de las generaciones anteriores. Un error que se ha cometido repetidamente ha sido la represión de la gente y la exaltación del clero. Queremos dar un valor correcto y escritural a todos los ministerios en la iglesia, no solamente al pastor principal. ¡José nunca fue el líder principal de Egipto, pero aun así, salvó a dos naciones enteras!

Definición de equipo.

Cuando los ministerios del liderazgo son uncidos al yugo por el Espíritu Santo para trabajar en cooperación, su efectividad es multiplicada. Reconociendo y sometiéndose el uno al otro, trabajan hacia una meta común, y llegan a ser un verdadero equipo de liderazgo.

Mejores son dos que uno; porque tienen mejor paga de su trabajo. Porque si cayeren, el uno levantará a su compañero; pero ¡ay del solo! que cuando cayere, no habrá segundo que lo levante. También si dos durmieren juntos, se calentarán mutuamente; mas ¿Cómo se calentará uno solo? Y si alguno prevaleciere contra uno, dos le resistirán; y cordón de tres dobleces no se rompe pronto (Ec. 4:9-12).

¿Andarán dos juntos, si no estuvieren de acuerdo (Am. 3:3)?

(Vea también Mt. 11:29-30; Pr. 11:14; 15:22; 24:6; Sal. 133.)

Una vez en el puerto de San Francisco vimos una banda musical de un solo hombre. Él era un hombre muy dinámico al tocar varios instrumentos a la vez, usando sus pies, sus manos y su boca. Contemplarlo era muy divertido. Maravillosamente creativo y con mucho talento, agradaba a la gente. Pero él era raro, una especie única de espectáculo humano. ¡Él no era lo normal!

Así tenemos el paralelo espiritual de un pastor del día moderno. Howard Snyder en su libro, *The Problem of the Wine Skins (El Problema de los Odres)*² tiene un capitulo que se titula ¿Debe ser el Pastor Super Estrella? Él dice:

> *Conozcan al Pastor Jones, "super estrella". Él puede predicar, aconsejar, evangelizar, administrar, conciliar, comunicar, y a veces aun integrar. Él también puede levantar dinero para el presupuesto. Él maneja el culto de domingo en la mañana mejor que cualquier locutor o director de un programa de entrevista en la televisión. Él es mejor en sus palabras que la mayoría de los candidatos políticos. Como estudiante, él sobrepasa a muchos profesores del seminario. Ninguna función social de la iglesia estaría completa sin él.*

El liderazgo de un solo hombre destruye el potencial en otros.

Un solo hombre es limitado en su estilo de liderazgo y en su efectividad. Un hombre puede fracasar a veces en su sabiduría y juicio. Un hombre está limitado en dones y ministerios para ministrar a todo el cuerpo de Cristo. Aun si ese hombre fuera un apóstol de apóstoles, todavía es solamente una quinta parte de los cinco dones de ministerios de la ascensión. Un solo hombre no puede pastorear al rebaño de Dios bíblicamente. Puede ser que él se agote, sufra mentalmente o caiga moralmente. Un solo hombre no puede suplir las necesidades de todos. Por esa razón el Hombre Clave tiene que levantar un equipo de liderazgo y no tratar de ser el hombre-orquesta.

Ministrando solo, un hombre no tiene a nadie que le pueda corregir, ajustar o cambiar sus decisiones o doctrinas. Puede ser que llegue a ser un pastor potente o poderoso, viéndose siempre correcto a sí mismo y que nunca esté dispuesto a cambiar ninguna de sus ideas. Un equipo trae a realidad al Hombre Clave y a la iglesia. Un equipo puede levantar preguntas y añadir otros aspectos de una doctrina o idea.

Un solo hombre podría tener dificultad en oír con éxito la voz de Dios para decisiones importantes de dirección o transición en la iglesia. Aunque creemos que el Hombre Clave es la persona que debe oír de Dios y dar la dirección general a la iglesia, existen tiempos críticos, cuando se necesita comprar una propiedad, comenzar programas de construcción, enviar ministerios, escoger miembros del equipo, despedir a un colaborador, o disciplinar a alguien en la iglesia. Se necesita la cooperación conjunta de todo el liderazgo para oír de Dios al unísono.

Un hombre no puede llevar la carga solo sin pagar un precio alto emocional, física, y espiritualmente.

Entonces el suegro de Moisés le dijo: No está bien lo que haces. Desfallecerás del todo, tú, y también este pueblo que está contigo; porque el trabajo es demasiado pesado para ti; no podrás hacerlo tú solo (Ex. 18:17-18).

El liderazgo de un solo hombre destruye el potencial en otros, impide la creatividad, y cobra el riesgo de producir robots espirituales y ministerios copiadores (títeres).

Es imposible para una sola persona suplir las necesidades de todo un rebaño.

El modelo cultural del pastor principal siendo la única persona que hace el trabajo del pastoreo u otras formas de ministerio produce Iglesias débiles, que no crecen. Ningún pastor está equipado para suplir las necesidades de todo el rebaño; y aunque obviamente es imposible, aun así muchas iglesias funcionan como si todo el ministerio residiera en una sola persona.

Bill Hull trata este problema en su libro, *The Disciple Making Pastor (El Pastor que Hace Discípulos)*[3]. Él dice:

El pastor de la iglesia es la combinación de los dones, sabiduría, y fe de un equipo pastoral, llamado los ancianos. En la mayoría de las Iglesias este grupo se compone de un pastor de tiempo completo con su salario, y varios ministros conocidos como laicos. En las Iglesias más grandes consiste de varios miembros en un equipo facultativo de tiempo completo, juntamente con los ministros que forman el equipo pastoral. El uso plural de pastor/maestro indica que varios líderes en cada iglesia local son ocupados en el pastoreo del rebaño. Este no excluye el trabajo de clérigos profesionales. De hecho, engrandece su importancia y quita una gran parte de las tareas ordinarias de su vidas. El énfasis en pluralidad de autoridad y la dotación por un lado, y la necesi-

dad del liderazgo fuerte de una persona por otro lado, parece contradictorio. El énfasis dual no es contradicción, sino más bien, un llamado a equilibrio. El balance de un grupo de líderes dotados llamados a pastorear la iglesia, y el líder de estos líderes dotados, para establecer el paso.

Consideremos la función del equipo de obreros que trabajan con el Hombre Clave para cumplir la visión y el destino.

La definición de ministerio de Apoyo.

Un ministro de apoyo es una persona que funciona en una capacidad de liderazgo como un anciano, diácono, ministerio de ayuda, cabeza de departamento, o líder de grupo, cumpliendo el ministerio que Cristo le ha dado en la iglesia local, en apoyo al pastor principal u Hombre Clave.

> **Un siervo llega a ser grande haciendo que otros tengan éxito.**

Todos aquellos que funcionan en el equipo deben ser llamados por el Señor y equipados con la doctrina, filosofía, y visión de esa casa. Los miembros del equipo deben tener convicciones que les permitan funcionar con fidelidad, pero al mismo tiempo de forma creativa. El patrón bíblico de la iglesia neotestamentaria requiere de la mezcla sinfónica de muchos diferentes ministerios.

Los miembros del equipo deberían tener:

- Una convicción de que Dios les ha colocado donde están para su placer y propósito, y para el bien de ellos mismos también.

+ Una convicción que coloca a Cristo y su pueblo sobre todos los deseos, ambiciones y opiniones propias de los líderes. Los miembros del equipo deberían ver el ministerio como una manera de servir y dar, en vez de una manera de satisfacerse o promoverse a sí mismos.

+ Una disposición para aceptar cualquier tarea necesaria para hacer avanzar la visión general del equipo. Un miembro del equipo debe rechazar todo deseo de reconocimiento a su posición o sentimiento que otros deberían darle las gracias, reconocerle o premiarle. Un siervo llega a ser grande al hacer que otros tengan éxito. Por lo tanto, un miembro del equipo tiene que venir con la actitud, el espíritu, y el corazón del siervo, teniendo presente en su mente la visión general de la iglesia. Él nunca debe servir sólo en las áreas que le gustan, o en las que piensa que dará más fruto o más satisfacción. Él sirve para el bien de todo el cuerpo y la visión general.

Un siervo sirve para el bien de la visión general

+ Una convicción de lealtad que salvará a la iglesia y al equipo en un tiempo de prueba. Esta convicción solamente puede ser probada cuando haya desacuerdo, desilusión, o decepción. Esta convicción mantiene en la mente la perspectiva general. La lealtad maneja las quejas y críticas fácilmente porque entiende los resultados tristes de discordia y división. La lealtad rehusa negar su entrega a otros, no importa el costo. El siervo leal se para con aquellos a quienes está sirviendo en su tiempo de necesidad. La lealtad y el servicio forman grandes miembros de equipo. Los que tienen esas convicciones siempre parecen tener mucha responsabilidad y están involucrados en cada área clave de la iglesia. Recuerde el adagio, "El pelo sobre el lomo de un buen burro siempre está desgastado."

+ Una convicción de fidelidad. El miembro fiel del equipo entiende que la promoción viene del Señor quien promueve basado en sus principios. Los principios de fidelidad e integridad son básicos para el liderazgo. Ser fiel en lo poco califica a la persona para recibir más. El premio de un trabajo bien hecho es otro trabajo.

Disposición usualmente es más importante que capacidad.

+ Una convicción de disposición. Los miembros del equipo ven o consideran la disposición como un ingrediente necesario para ser una vasija útil para Dios, para otros líderes, y para aquellos a quienes sirven. Estar dispuesto requiere buena disciplina de tiempo y prioridades. Disposición usualmente es mucho mas importante que capacidad.

SIETE ELEMENTOS ESENCIALES DEL EQUIPO GANADOR.

1. Un líder ganador.

Un líder ganador tiene la habilidad de comunicar claramente una visión que entusiasma y mueve el equipo a la acción. Él entiende la fuente y el uso correcto de poder y autoridad. El líder ganador desea responder a las necesidades de los demás, pues es una persona que ama a la gente.

El líder ganador tiene una amplia tolerancia para experimentar.

Cuando el equipo capta un espíritu de fe, el resultado será emoción y entusiasmo. Esto pondrá en movimiento a los miembros del equipo, quienes se esforzarán hasta llegar a ser excelentes. Esto, por supuesto requiere de experimentación. El líder ganador tiene una tolerancia amplia para experimentación y fracaso; nunca condena la innovación aunque no siempre produzca los resultados correctos.

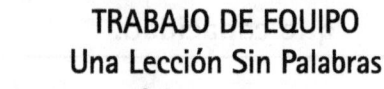

TRABAJO DE EQUIPO
Una Lección Sin Palabras

2. Metas Tangibles

La palabra griega para obispo es la palabra *episkopos*, un supervisor. La palabra *skopos* significa ver, implicando la habilidad de fijar su ojo en cierta marca o blanco. La palabra precisa usada en el Nuevo Testamento para el liderazgo de la iglesia tiene que ver con percepción, enfoque, y visión. Un equipo ganador tiene que tener visión, un blanco para alcanzar, con metas tangibles. El equipo tiene que saber a dónde ir y cómo llegar.

3. Una actitud de dar lo que sea necesario

Debe haber una visión clara y metas bien definidas para crear este tipo de actitud. La visión causa que una persona ponga las necesidades del grupo antes que las propias. La palabra aquí es sacrificio. Esta actitud significa sacrificio, y esta disposición de dar lo que sea necesario es contagiosa. Esto motivará al equipo a alcanzar logros más allá del nivel humano.

4. La habilidad de recobrarse de fracasos.

No exagere sus fracasos personales, los fracasos de los miembros del equipo, o del equipo mismo. Una de las peores trampas en la que un equipo puede caer, es permitir la crítica o culpar a alguien cuando las cosas no resultan como se esperaban. Examine honestamente cada error y los resultados, pero evite culpar a otros. Analice cómo y por qué ocurrió el fracaso, aprenda de él, anime a los demás y sigan adelante. Concéntrense en las lecciones aprendidas, y no en los fracasos.

5. Respeto por el valor de cada persona así como por sus talentos y dones de otros.

Todos necesitan sentir amor y aceptación, especialmente de parte de los que aman y respetan. Un respeto de aquellos que están en el mismo nivel vale más que plata y oro. Cada miembro del equipo debe expresar verbalmente su amor y respeto a los demás miembros. Un aprecio sincero, habitual y continuo ayuda mucho a producir un buen espíritu de equipo. Adopte el hábito de escribir pequeñas notas, tarjetas y cartas a los demás. ¡Llámeles por teléfono, cuando sea posible!

6. Intensidad y excelencia.

Un equipo ganador nunca puede permitir a la victoria disminuir su hambre espiritual o su actitud alerta. Muy bien dijo Napoleón: El momento más peligroso viene con la victoria. El momento en que alcanzamos las metas esperadas por mucho tiempo y cumplimos las tareas más imposibles, es el momento en que estamos en un mayor peligro espiritual. Un equipo maduro mantiene la conciencia de su necesidad de oración para con Dios y de humildad aun después de grandes victorias.

7. Atención a los principios básicos.

Muchos juegos deportivos han sido ganados usando los principios de revisión de las cosas básicas. Los entrenadores famosos han edificado este entendimiento en su equipo. ¿Por qué? Porque es necesario en el tiempo de crisis, en el momento crucial, o de gran tensión emocional, que el equipo funcione por principios, más que por talentos personales.

> **Siempre extienda la base de liderazgo antes de añadir más ministerios.**

El jugador carismático o dotado puede jugar muy bien cuando está en buena racha, pero, ¿qué sucede en sus malas rachas? No es muy usual que todo el equipo esté dando un bajo rendimiento cuando están jugando como equipo y obedeciendo los principios básicos.

Los principios básicos para el equipo de liderazgo de una iglesia local son: la oración, la Palabra de Dios, la integridad, la unidad, el respeto, el amor, el perdón, el sacrificio, prefiriendo el uno al otro, etc.

El ministerio que Dios ha dado a la iglesia se expande mientras los líderes se desarrollan. Cuando la iglesia crece, necesitamos multiplicación en todos los niveles de liderazgo. Cuánto más grande crece la iglesia, más amplia tiene que ser la base del liderazgo. Siempre extienda la base de liderazgo antes de añadir más ministerios. Cuando hacemos esto, evitamos colocar en posiciones particulares a personas incompetentes y no calificadas. El enfoque principal del Hombre Clave debe de ser equipar a líderes y desarrollar futuros líderes.

En seguida presento unas claves de prioridad para tiempo especial con diferentes tipos de personas:

P.M.I.
Personas Muy Importantes
(sus líderes presentes)

P.M.D.
Personas Muy Dóciles
(sus líderes potenciales futuros)

P.M.A.
Personas Muy Amables
(sus ovejas que lo animan)

P.M.F.
Personas Muy Fastidiosas
(Jamás podrá resolver los problemas de estas personas.)

¿Con quiénes está usted ocupando más tiempo?

GANSOS VOLANDO EN FORMA DE V

LA NATURALEZA NOS DA SABIDURÍA PARA EL EQUIPO.

Cuando usted ve a los gansos que están volando hacia el sur por causa del invierno, observe que frecuentemente se forman en una V. Los científicos han descubierto que cuando cada ave mueve sus alas, crea un movimiento de aire que levanta al ave que sigue inmediatamente tras ella.

Al volar en la formación V, todo la volatería añade por lo menos un 70% más de capacidad para volar que si cada ave volara por su propia cuenta. Podemos aprender algunas verdades básicas de los gansos.

Si tenemos buen sentido común como un ganso, vamos a mantenernos en formación con aquellos que están yendo en la misma dirección.

En primer lugar, la gente que comparte una dirección común y un sentido de comunidad puede alcanzar su destino más rápida y fácilmente, porque está apoyándose sobre la confianza mutua.

En segundo lugar, cuando un ganso sale de la formación, repentinamente siente la oposición y resistencia de tratar de seguir adelante solo, y rápidamente regresa a la formación para aprovechar el poder levantador del ave que está adelante. Si tenemos un buen sentido común, como un ganso, vamos a mantenernos en formación con aquellos que están dirigiéndose en la misma forma que nosotros.

En tercer lugar, cuando el ganso que va a la vanguardia se cansa, retrocede en la formación y otro ganso vuela como líder. Es importante hacer los trabajos duros por turnos.

En cuarto lugar, los gansos en la retaguardia producen fuertes sonidos para animar a los que están enfrente a que mantengan la velocidad. Necesitamos tener cuidado de lo que decimos cuando producimos sonidos desde atrás.

Finalmente, cuando un ganso se enferma o es herido por un balazo y cae en tierra, dos gansos más salen de la formación y le siguen para ayudarle y protegerle. Permanecen junto a él hasta que pueda volar o hasta que muera. Entonces vuelan por su propia cuenta o con otra formación hasta alcanzar su propio grupo. De la misma manera, debemos apoyarnos y protegernos los unos a los otros, haciendo nuevos amigos de aquellos que parecen ir en nuestra misma dirección.

CAPÍTULO CUATRO

PROBLEMAS COMUNES EN EL LIDERAZGO

Puntos Sobresalientes

✦ Nunca comprometa doctrinas básicas.

✦ La deslealtad es peligrosa.

✦ Nunca devore a otro líder.

✦ El problema de pensar sólo en mi posición.

✦ Mantenga una estimación sobria de su propio ministerio.

✦ El tiempo limita la edificación de relaciones.

✦ Los líderes toman acuerdos sobre las normas básicas.

Varias trampas y problemas comunes aparecen en todas las iglesias. Los equipos de liderazgo pueden prepararse para tener que tratar con los problemas siguientes:

✦ El problema de incompatibilidad doctrinal.

La incompatibilidad doctrinal debiera ser discutida abiertamente mientras los líderes están siendo entrenados para ser influencias vitales en la iglesia local.

Las doctrinas básicas establecidas por mandato bíblico nunca deben ser cambiadas. Estas incluyen la deidad de Cristo, la propiciación, la justificación, la salvación, el bautismo en agua por inmersión, el bautismo con el Espíritu Santo, y la segunda venida corporal de Cristo.

Otras doctrinas que carecen de mandatos bíblicos claros pueden variar de una iglesia a otra, pero cada equipo de liderazgo tiene que unirse en apoyo de las doctrinas determinadas y enseñadas en su propia congregación local. La incompatibilidad doctrinal en cuanto al gobierno de la iglesia, por mencionar alguna, llega a ser una irritación en el liderazgo que causará división tarde o temprano. Enseñanzas sobre temas controversiales tales como la sanidad interior, la psicología cristiana, la demonología, la participación cristiana en la política, el divorcio, tanto como divorcio y segundas nupcias, necesitan ser aclarados para evitar divisiones innecesarias.

✦ El problema de deslealtad en actitud o acción.

La deslealtad no se desarrolla repentinamente un día, ni crece rápidamente en sólo un mes. Usualmente comienza con una ofensa no resuelta o una diferencia de filosofía que no ha sido manejada correctamente, causando que alguien se ofenda. De estos problemas resulta un espíritu de crítica y finalmente la deslealtad.

La deslealtad es una actitud del espíritu.

La deslealtad es uno de los pecados más peligrosos en el liderazgo y uno que puede devastar más a la iglesia. La deslealtad no es sólo una actitud de la mente, sino del espíritu, que va a ser diseminada a través de la congregación, si no es detenida. (Todos los equipos de liderazgo pueden ser beneficiados al leer el libro *The Tale Of Three Kings, (La Historia de Tres Reyes)*[4] por Gene Edwards.

✦ El problema de división a causa de diferentes filosofías.

La mayoría de las iglesias no tienen divisiones a causa de incompatibilidad doctrinal. La mayoría de los problemas entre los ancianos o el liderazgo son consecuencia de diferencias filosóficas.

La mayoría de los problemas del liderazgo tienen su raíz en diferencias filosóficas.

Todos creemos en la adoración. Pero, ¿cuál es nuestra filosofía tocante al fluir del culto en la iglesia? ¿Cuáles son nuestros sentimientos sobre baterías, guitarras, órganos, estar de pie, o estar sentados? ¿Cantamos demasiados himnos; no suficientes himnos, muchísimos coros, coros demasiado largos, no suficientes coros acerca de Jesús, demasiados coros cortos? Estas son cuestiones de filosofías distintas y gustos.

¿Cuál es la filosofía del equipo tocante al ministerio de la mujer, el evangelismo, las finanzas y al hacer decisiones?

Donde existe una diferencia de filosofía, pronto habrá una diferencia en espíritu que, finalmente va a dividir a los ancianos.

✦ **El problema de prejuzgar las acciones cuestionando los motivos.**

Si adoptamos el hábito de juzgar a otros por nuestro propio nivel de discernimiento, cuestionando sus motivos y acciones, esto causará muchos problemas en el equipo de liderazgo. Conforme a 1 Corintios 13, debemos ser aquellos que pueden ver y creer que todas las cosas son buenas. Debemos ver lo bueno los unos en los otros y creer que los demás tienen buenos motivos. Vemos a la gente a través de nuestros propios ojos y juzgamos a causa de nuestros propios problemas.

✦ **El problema de permitir a los discípulos alabar a unos y devorar a otros.**

Algunas personas en la iglesia llegarán a ser discípulos de cierto anciano o líder, y puede ser que vean el ministerio de este líder como el más grande e importante en la iglesia. Este discípulo puede alabar el ministerio del líder al compararlo con otro en la iglesia, derribando el ministerio de este último.

Los líderes nunca pueden permitir a alguien devorar a otro líder por cualquier razón, especialmente usando comparaciones. Los miembros del equipo deben inmediatamente detener la conversación y no permitir a la gente derribar la reputación de otro líder o su ministerio a través de críticas.

✦ **El problema de pensar sólo en su posición.**

Seamos honestos. Cuando una persona acepta una posición también recibe ciertos privilegios, honores y respeto de la gente.

Un Líder con la mentalidad de sólo obtener posición, no servirá en su camino al ministerio.

Una persona demasiado ocupada con su prestigio puede ser muy lista al manipular, a fin de obtener una posición. Su motivo no es servir a la gente, sino tener a ellos sirviéndole a él y su posición, y recibir honor de ellos, en vez de darles el honor que necesitan.

Un líder obsesionado con su posición usualmente no estará ocupado en los trabajos manuales de la iglesia local. No servirá en el camino a su ministerio. él solamente escogerá trabajos de liderazgo que le pondrán a la vista de todos. Esta persona puede ser peligrosa porque frecuentemente, consciente o inconscientemente, puede usar una forma de engaño o manipulación para poseer una posición. Si no se le ofrece una posición, puede ser que se vuelva contra la iglesia y su liderazgo, devorándoles. Así él puede aparentar que la iglesia tiene la culpa, cuando de hecho su espíritu de desear posición ha causado el problema. Algunos batallan con este problema toda la vida.

✦ **El problema de los que sobreestiman sus propias habilidades y ministerio.**

Es Dios quien reconoce, promueve, y coloca a la gente en los lugares y posiciones correctas en la iglesia local. Si el liderazgo y sus colaboradores no perciben un don particular en una persona, existe la posibilidad grande que no lo tiene. Necesitamos ser muy cuidadosos de tener una estimación correcta de nuestro propio ministerio (vea Ro.12:1-3).

> Si sobreestimamos nuestro ministerio llegaremos a ser frustrados cuando otros no lo notan.

Si tenemos una sobreestimación de nuestro ministerio llegaremos a ser frustrados cuando los demás no lo consideren de la misma manera que nosotros. Llegaremos a ser críticos y finalmente amargos hacia nuestros superiores porque no reconocieron nuestro ministerio.

Ocasionalmente una esposa dice a su esposo que lo ve en cierto ministerio. Ella le alaba y le levanta empujándole a un ministerio que Dios posiblemente no le ha dado. Esa es una situación muy delicada. ¿Cómo se puede corregir a la esposa de ese hombre, sin que él se ofenda? ¡Es casi imposible!

Si la esposa tiene una visión para el esposo que él no tiene de sí mismo, eventualmente va a crear grandes problemas en su hogar y en la iglesia.

✦ **El problema de expectativas no alcanzadas en relaciones se tornará en desilusión y crítica.**

Normalmente en la iglesia usamos términos tales como familia, entrega de pacto, relación de pacto, etc. Usamos muchos términos que hablan de nuestro deseo de estar cerca y apoyarnos los unos a los otros. Estos deseos son honestos y sinceros. Todos queremos apoyar y animar a aquellos con quienes trabajamos, y también a los miembros del cuerpo de Cristo. Algunas veces para poder ser uno que anima y apoya, nos extendemos demasiado lejos y no somos capaces de desarrollar relaciones profundas con muchas personas. Eso puede llegar a ser un punto de contención.

Nunca seremos el mejor amigo de todos en la iglesia.

El pastor principal continuamente trata con personas que quieren estar cerca de él. No siempre hay tiempo, sin embargo, para desarrollar este tipo de relación de pacto. Esto puede eventualmente causar ofensas, si no manejamos el asunto abierta y honestamente con la sabiduría del Espíritu Santo. Todos tenemos un pacto en Cristo. Todos somos hermanos y hermanas en Cristo, y somos parte de la completa familia de Dios. Todos somos llamados a (Gr. koinonia) comunión, el tipo de compañerismo practicado por la iglesia en el libro de los Hechos. Sin embargo, jamás podremos ser el mejor amigo de todos en nuestra iglesia local. La mayoría de los estudios sobre relaciones ha descubierto que una persona solamente puede mantener tres o cuatro amigos muy cercanos, pero con quienes está mucho tiempo—posiblemente sólo uno o dos. Cuando el equipo del liderazgo crece, la gente naturalmente será atraída hacia relaciones cercanas. Ese no es un problema para el pastor principal ni para los líderes. Permita a la gente crecer natural y espiritualmente. No trate de hacer de todos su Jonatán, o su Pedro, Santiago y Juan.

✦ **El problema de ignorar las normas o filosofías básicas ya establecidas o aceptadas.**

Cuando la iglesia llega a establecerse y el equipo de liderazgo comienza a crecer, ciertas filosofías básicas, doctrinas, y valores de visión serán adoptados dentro del equipo para guiar la iglesia. Una vez que estamos de acuerdo en estos, y ya han sido establecidos y declarados verbalmente en la iglesia local, es contraproducente tratar de cambiarlos o ignorarlos, a menos que se haya acordado dentro del equipo del liderazgo. Problemas vendrán si unos pocos líderes determinan ignorar las normas básicas claramente establecidas. Una norma básica establecida necesita ser respetada y honrada por el liderazgo. Cosas como el dar, la oración, la adoración, el testificar, la santidad, el amor y el evangelismo son normas básicas para la iglesia local. Como los que levantan la bandera, los líderes deben también levantar los valores básicos de la iglesia. A continuación presento doce normas básicas que deben ser honradas por el equipo de liderazgo:

1. Llegar a tiempo a cada cita.

2. Llegar a tiempo para la oración antes del culto o a las reuniones de oración.

3. Llegar a tiempo para actividades del liderazgo.

4. Participar en la adoración, no ser un espectador.

5. Participar en tantas bodas y funerales como sea posible.

6. Ser fiel para asistir a las reuniones de la congregación.

7. Ser responsable de entregar todos los reportes y papelería necesaria a tiempo.

8. Ser ferviente y entusiasta en la oración y la adoración.

9. Ser un ejemplo de hospitalidad.

10. Ser una persona de fe con una actitud positiva.

11. Ser un apoyo para los que están predicando al tomar apuntes y decir amén.

12. Estar disponible y permanecer accesible después de todas las reuniones de la iglesia.

El Hombre Clave debe reconocer y vigilar la observancia de estas normas, evitando así, problemas comunes del liderazgo. Para proteger la visión de la iglesia, él debería instruir al equipo de liderazgo sobre cómo evitar estas trampas.

CAPÍTULO CINCO

MOISÉS: EL MODELO DEL HOMBRE CLAVE

Puntos Sobresalientes

- El liderazgo solitario causa presiones indebidas.
- Negarse a delegar sofoca a líderes potenciales.
- El pastor de una iglesia creciente debe moverse del pastoreo directo al administrativo.
- Para lograr más, hay que dividir grandes trabajos en pequeñas tareas y luego delegar esas tareas.

Como la mayoría de los que son llamados al pastorado, Moisés tenía un corazón para su pueblo. Como la mayoría de las congregaciones, el pueblo tenía muchas necesidades, ¿o debería decir problemas? Encontrar el equilibrio entre esos dos factores requiere siempre sabiduría, previsión, y la habilidad de delegar autoridad.

Un pastor principal siempre debe entender primero el don ministerial que Dios le ha dado antes que pueda liberar el don a otros. El dilema de Moisés y su método de resolverlo provee entendimiento valioso para nosotros.

Hombres buenos no deben matarse a causa de trabajo excesivo, aun en el servicio a Dios.

¡Qué valioso es un poco de buen sentido común! Aquí está Moisés entrenado y educado en Egipto, un hombre con todas las credenciales. Aun así, para vencer sus problemas pastorales, debe tomar consejo autoevidente de un simple hombre del desierto, su propio suegro. En Éxodo 18:13-18 y Números 11:10-17 tenemos el dilema y las respuestas para ese dilema. Moisés, el Hombre Clave sobre Israel, el pastor principal de la congregación israelita tuvo demasiados problemas para ser manejados por un solo hombre. En el problema de Moisés vemos la necedad del liderazgo solitario.

El liderazgo solitario causa tensión excesiva sobre el hombre solitario. Hombres perversos a veces se matan a sí mismos por placer excesivo. Hombres buenos no deben matarse a sí mismos con exceso de trabajo, aun en el servicio a Dios. Muchas grandes vidas son perdidas en la iglesia por causa de faenas excesivas.

Es un principio suficientemente evidente de la fragilidad del hombre, que él no puede darse a sí mismo a trabajo incesante. Trabajo de más puede llegar a ser una forma de suicidio. Del mismo modo que es nuestro deber descansar cuando hemos sobrepasado nuestras fuerzas, lo es perseverar cuando las fuerzas todavía son suficientes.

La experiencia de Moisés nos enseña que un hombre que no delega autoridad ahoga a líderes potenciales, gente que podría ayudar al líder y al resto de la congregación también. No delegar inutiliza a un vasto número de hombres y mujeres capaces y aptos para la tarea, capaces de hacer el trabajo necesario. La congregación común tiene muchas habilidades escondidas.

Las palabras habladas a Moisés por su suegro, fueron palabras de sabiduría que Dios mismo había puesto en la boca de Jetro. Él dijo a Moisés, "Seguramente te vas a gastar. Esto es demasiado para ti. No eres capaz de llevarlo a cabo por ti mismo... la cosa que haces no es buena, la tarea es demasiado pesada."

Moisés tuvo que dejar de ser un pastor para ser un hacendado.

Estas son palabras que todos nosotros necesitamos oír como El Hombre Clave o el pastor principal de una iglesia. Aquellos que funcionan sobre departamentos en una iglesia o ministerio también necesitan escucharlas.

En la medida en que sus responsabilidades crecieron, Moisés tuvo que dejar de ser un pastor para ser un hacendado. No quiere decir con esto que él perdió su corazón o toque pastoral, pero tuvo que cambiar su filosofía de liderazgo. Un líder que pastorea cuida a la gente en una relación directa: Aconseja a la gente, guía a la gente, predica a la gente, ora por la gente, visita a la gente, etc. Él es básicamente un pastor-cuidador en todas sus funciones.

Cuando la iglesia crece, un pastor principal debe moverse del pastoreo directo a uno más administrativo. Esto es lo que yo llamo un modelo de hacendado. Él asume la función del liderazgo y el manejo con administración de la visión mediante la delegación y el liderazgo sabio. El trabajo es dividido en muchas tareas más pequeñas, con alguien responsable sobre cada tarea. De esa forma podemos hacer más, y lo podemos hacer mejor.

La responsabilidad de Moisés como El Hombre Clave cayó en cinco áreas: (1) Oración Intercesora, (2) Instrucción Bíblica, (3) Provisión de Líderes Calificados, (4) Manejo de Conflictos, y (5) Rompimiento Espiritual.

Intercesión

Oye ahora mi voz; yo te aconsejaré, y Dios estará contigo. Está tú por el pueblo delante de Dios, y somete tú los asuntos a Dios (Ex. 18:19).

Moisés oró por Israel, intercediendo entre el pueblo y Dios. En Éxodo 17:9-16 él intercedió por Israel cuando pelearon contra Amalec. Fue a través de la intercesión de Moisés que los Amalecitas fueron derrotados.

Encontramos aquí una de las grandes lecciones del liderazgo. La mayoría de nuestras victorias vendrán estando de rodillas y no sentados en nuestro sillón en la oficina. Debemos aprender primero a asirnos del trono de Dios antes de que podamos asaltar las puertas del enemigo.

Juan Wesley dijo, "Sostén en alto las manos caídas, por fe y oración apoya las rodillas vacilantes. ¿Ha tenido algunos días de oración y ayuno? Asalte el trono de gracia y persevere en ello, y misericordia será derramada."

No hay atajos. Debemos esperar en Dios.

¡Oh, que pudiéramos captar una visión hoy del poder de un líder intercesor! No hay un hombre sobre la tierra más poderoso que uno que sabe prevalecer con Dios, que sabe cómo liberar esos tesoros de su mano que pueden ser traducidos en bendición, que conoce cómo sacudir las puertas del infierno y las fortalezas de Satanás, liberando a los cautivos y haciéndolos libres.

Is. 59:16 dice, "...y se maravilló que no hubiera quien se interpusiese...", nadie que interviniera. Un intercesor es uno que interviene entre Dios y otros, sea un individuo, una iglesia, una comunidad o una nación.

Un líder nunca aprenderá cómo llegar a ser un intercesor simplemente leyendo libros acerca de oración e intercesión. Él nunca aprenderá a interceder hasta que comience a orar e interceder. Él debe tener una disciplina diaria y diligente en el temor de Dios, tomando tiempo y esperando sin prisa a Dios en el santuario, aprendiendo en el lugar secreto los maravillosos caminos de Dios. No hay atajos. Él debe esperar en Dios, entonces el Señor puede comenzar a tratar con aquellas cosas profundas dentro de nosotros que impiden el mover del Espíritu de Dios.

E.M. Bounds, declara, "La oración asciende mediante fuego. La flama da acceso, aceptación, así como energía a la oración. No hay incienso sin fuego, no hay oración sin flama."

A través de intercesión el Hombre Clave comienza a ver claramente la visión para la congregación. Es a través de intercesión que el Hombre Clave comienza a discernir a aquellos sobre quienes Dios ha puesto un llamado al liderazgo, el cual necesita ser desarrollado.

Hoy es un día en que Dios está dando visión, pero sólo mientras que pasamos tiempo en oración esperando en Dios. Intercesión no es entrar corriendo a la presencia de Dios con una larga lista de cosas que queremos que Dios haga por nosotros. Intercesión no es traer nuestros programas pastorales delante de Dios, terminando pronto para continuar con algo más. Intercesión es el proceso lento y doloroso de esperar en Dios y escuchar de él, pasando tiempo en su presencia y estando quietos delante de él.

La senda del intercesor es una senda de dolor.

Intercesión no es solamente pasar tiempo con Dios y entender a Dios, sino es permitirle que ponga dentro del Hombre Clave una carga espiritual por la congregación y la visión. La senda del intercesor es una senda de dolor, no un dolor físico sino espiritual. Cuanto más tiempo pastorea usted, más dolor sentirá; el dolor de los problemas de la gente, el dolor de malas decisiones, el dolor de riesgos a causa de relación. Al funcionar como el Hombre Clave en el liderazgo, usted pasará por mucho dolor. Es solamente a través de intercesión que el dolor puede ser cambiado en perdón y ministrado a la congregación.

Sobre tus muros, oh Jerusalén, he puesto guardas; todo el día y toda la noche no callarán jamás. Los que os acordáis de Jehová, no reposéis, ni le deis tregua, hasta que restablezca Jerusalén, y la ponga por alabanza en la tierra (Is. 62:6-7).

Es a través de esta clase de intercesión que la Iglesia es establecida y llega a ser una alabanza en la tierra. Es a través de intercesión que la unción de Dios es liberada; y es la unción que rompe el yugo (vea Isaías 10:27). Mediante intercesión recibimos la revelación de que el discernimiento es la marca de la iglesia madura, para que podamos ver dentro del mundo espiritual como Dios ve. Como Eliseo oró en 2 Reyes 6:17, "Te ruego, oh Jehová que abras sus ojos para que vea." Intercesión es la fuerza que toca el corazón, que mueve la mano, que cambia al mundo. Es el primer trabajo del Hombre Clave orar e interceder. Usted será para el pueblo un representante de Dios. Traer al pueblo ante Dios es el trabajo del Hombre Clave.

CAPÍTULO SEIS

MOISÉS: ENSEÑANDO LA PALABRA DE DIOS

Puntos Sobresalientes

✦ Necesitamos hombres capaces de instruir, inspirar y estimular al pueblo con la Palabra pura de Dios.

✦ Destruyamos toda predicación superficial que no tiene profundidad de sentimiento.

✦ Alimentar con la Palabra de Dios a la iglesia es la tarea central y la responsabilidad de todos los pastores.

✦ La autoridad para guiar es fundada en la autoridad para alimentar.

Moisés instruyó a Israel. Él inspiró y estimuló al pueblo a través de la enseñanza de la Palabra de Dios, estableciendo los estatutos y ordenanzas.

Y enseña a ellos las ordenanzas y las leyes, y muéstrales el camino por el que deben andar, y lo que han de hacer (Ex. 18:20).

Una iglesia puede caminar en las sendas del Señor solamente si es enseñada correctamente.

Acontecerá en lo postrero de los tiempos, que será confirmado el monte de la casa de Jehová como cabeza de los montes, y será exaltado sobre los collados, y correrán a él todas las naciones. Y vendrán muchos pueblos, y dirán: venid, y subamos al monte de Jehová, a la casa del Dios de Jacob (Is. 2:2-3).

Antes de llevar al pueblo de Dios adelante, el Hombre Clave aprende a establecer la dirección, a definir el curso. Siguiendo la Palabra de Dios, la iglesia encuentra descanso en el crecimiento.

Cuando las ovejas están hambrientas, aun las cosas amargas saben dulces.

Un Hombre Clave debe llegar a ser un hombre de la palabra, totalmente bautizado en la Palabra viviente de Dios y capaz de comunicarla. En 1 Corintios 11:23 Pablo dice, "Porque yo también recibí del Señor lo que también os he enseñado." Primero él lo recibió y luego lo dio. Para ser un Hombre Clave productivo usted debe tener la habilidad de recibir una palabra del Señor, y luego liberar esa palabra a la congregación.

Isaías 33:18 hace una pregunta. "¿Dónde está el escriba?" Esa pregunta es relevante hoy. Mire los diferentes estilos de predicación y lo que ha sido predicado en los púlpitos de muchos. ¿Dónde están los que reciben? ¿Dónde están aquellos que reciben una palabra fresca, una nueva revelación por el Espíritu de Dios?

2 Timoteo 2:15 dice, "Procura con diligencia presentarte a Dios aprobado, como obrero que no tiene de qué avergonzarse, que usa bien la Palabra de verdad." Estudiar es trabajo, es una labor. Como artesanos haciendo algo digno de alabanza, debemos ser hombres que aplican correctamente la Palabra de verdad.

Algunos cometen el error de depender demasiado de la revelación espiritual, sin el trabajo arduo y la exégesis correcta, es decir la hermenéutica bien aplicada. Otros vagan en el lado de estudiar y escudriñar, usando la hermenéutica correcta o exégesis pero sin el Espíritu del Señor.

Proverbios. 25:2 dice, "Gloria de Dios es encubrir un asunto; pero honra del rey es escudriñarlo." Nuestra responsabilidad es escudriñar y la del Espíritu Santo es añadir la revelación.

Proverbios. 27:7 dice, "El hombre saciado desprecia el panal de miel; pero al hambriento todo lo amargo es dulce." Alrededor del mundo hoy, cualquier doctrina errónea sabe dulce a gente espiritualmente hambrienta. Necesitamos hombres como Moisés que tienen la habilidad de instruir, inspirar y estimular al pueblo con la pura Palabra de Dios.

Necesitamos abolir el profesionalismo rutinario.

El Salmo 130:1 dice, "De lo profundo, oh Jehová, a ti clamo." Abra la profundidad de su espíritu y saque el tesoro, tanto de lo viejo como de lo nuevo para alimentar al pueblo de Dios.

Termine con la predicación que es superficial, sin profundidad de sentimiento, enseñanza, o juicio. Acabe con el profesionalismo rutinario y la predicación que pone demasiado énfasis en experiencias, historias, e ilustraciones, desviando o impidiendo la verdadera Palabra de Dios. Oiga el llamado fresco del Espíritu Santo a volver a la exégesis correcta de la Escritura para que podamos proclamar la verdadera y viviente Palabra de Dios, línea sobre línea, un poco aquí y un poco allá.

En Hechos 6:2 los apóstoles señalaron el problema que todos encaramos hoy; servir demasiadas mesas en lugar de servir la Palabra de Dios. No parece apropiado, deseable o correcto que debemos dejar o descuidar la Palabra de Dios para poder atender a las mesas. ¿Cuáles mesas está sirviendo ahora, a costo de la Palabra de Dios? ¿La mesa de administración?, ¿La mesa de consejería? ¿La mesa de recreación?, ¿la mesa de relaciones? Todas esas son buenas, pero a expensas de abandonar la Palabra de Dios, en su tiempo dañarán al cuerpo de Cristo.

Alimentar a la congregación con la Palabra de Dios es la responsabilidad y tarea central de todos los pastores. Cada Hombre Clave debe ser un hombre de la Palabra. Hechos 6:4 dice, "Y nosotros persistiremos en la oración y en el ministerio de la palabra."

Somos llamados a alimentar al rebaño de Dios con la Palabra de Dios.

Cuando hubieron comido, Jesús dijo a Simón Pedro: Simón, hijo de Jonás, ¿Me amas más que estos? Le respondió: Sí, Señor; tú sabes que te amo. Él le dijo: Apacienta mis corderos. Volvió a decirle la segunda vez: Simón, hijo de Jonás, ¿Me amas? Pedro le respondió: Sí, Señor; tú sabes que te amo. Le dijo: pastorea mis ovejas. Le dijo la tercera vez: Simón, hijo de Jonás ¿Me amas? Pedro se entristeció de que le dijese la tercera vez: ¿Me amas? y le respondió: Señor, tú lo sabes todo; tú sabes que te amo. Jesús le dijo: Apacienta mis ovejas (Jn. 21:15-17).

La palabra *apacienta* usada en estos versos es traducida de dos diferentes palabras griegas. *Bosko* significa alimentar, nutrir, o proveer comida para las ovejas. Esto habla del ministerio de predicación, enseñanza, entrenamiento, y aun lo profético.

¿Qué mesas está usted sirviendo a expensas de la Palabra de Dios?

Poimaino significa actuar como un pastor, atender, guardar y cuidar las ovejas. Esto habla del ministerio de cuidado pastoral en consejería, relación, visitación, trabajando con amor y cuidado.

El ministerio balanceado del Hombre Clave incluye tanto *bosko* como *poimaino*. No podemos llegar a ser un hombre solo *poimaino* y ser negligentes en el *bosko*. Tampoco podemos llegar a ser un hombre *bosko* y ser negligentes con el *poimaino*. Debemos combinar los dos.

Por tanto, mirad por vosotros, y por todo el rebaño en que el Espíritu Santo os ha puesto por obispos, para apacentar la iglesia del Señor, la cual él ganó por su propia sangre (Hch. 20:20-28).

Apacentad la grey de Dios que está entre vosotros, cuidando de ella, no por fuerza, sino voluntariamente; no por ganancia deshonesta, sino con ánimo pronto (1 P. 5:2).

Y os daré pastores según mi corazón, que os apacienten con ciencia y con inteligencia (Jer.3:15)

Y pondré sobre ellas pastores que las apacienten; y no temerán más, ni se amedrentarán, ni serán menoscabadas, dice Jehová (Jer. 23:4).

Aquí hay unas sugerencias prácticas que lo ayudarán en el ministerio de la Palabra.

✦ No deseche sistemas clásicos de teología sólo porque son antiguos.

✦ Siga el orden lógico al establecer su teología, construyendo su punto de vista con teología bíblica, que tendrá un gran cúmulo de influencia sobre su ministerio de predicación.

✦ Establezca una habilidad correcta de exégesis bíblica. Sea consciente que su prioridad de la Palabra de Dios afectará dramáticamente sus resultados. El método de determinar la definición bíblica de una palabra en la Biblia es el uso bíblico de esa palabra, no el significado lingüístico o su trasfondo cultural solamente.

✦ Guárdese de desarrollar una teología o investigación bíblica atomística, mencionando sólo ciertas partes de la Escritura en lugar de toda la Palabra de Dios. No se quede en su propia zanja tratando de hacer una teología completa de un solo átomo.

✦ Encuentre los principios o claves necesarios de interpretación bíblica para las Escrituras que usted está estudiando. Tome tiempo para usar la hermenéutica.

✦ Desarrolle un entendimiento completo de lo que sucedió en la cruz, viendo la expiación, el sufrimiento de Cristo, los aspectos vicarios de él, los aspectos de rendición, y los aspectos teológicos. ¿Qué sucedió realmente en la cruz?

✦ Desarrolle un interés más grande de las metáforas e imágenes bíblicas. Aprenda cómo usar herramientas especiales al predicar el evangelio. Eche mano de ciertos textos que pueden no contener el evangelio, pero donde usted puede ilustrarlo.

El motivo principal de la predicación es levantar a Cristo y proclamar el evangelio. El evangelio puede ser claramente explicado e ilustrado en pasajes donde el principio del evangelio es evidente, aunque la palabra evangelio no sea mencionada.

La autoridad para guiar se funda en la autoridad para alimentar.

Aprenda cómo usar una sola palabra de un texto, como la palabra montaña, gracia, ley, hombre, levantar. Use frases tales como córtala, levántala, llévala adelante. O usa una oración completa y solamente predica de una sola expresión. "Se quedó dos días más en el lugar donde estaba." (Jn. 11:6) ¿Por qué se tarda Dios? ¿Llega Dios tarde?

Use metáforas de un texto como Isaías 22:23-25 – la clavija o el clavo. Aquí vemos la redención de Cristo figurada como un clavo en la pared y el cuadro de Cristo presentado como una clavija. Así es la obra redentora de Dios permanente, inamovible.

Un Hombre Clave debe desarrollar más su ministerio de alimentar que cualquier otro don que tenga. La autoridad para guiar es fundada en la autoridad para alimentar.

CAPÍTULO SIETE

MOISÉS: PROVEYENDO DE LÍDERES CALIFICADOS

Puntos Sobresalientes

✦ El Hombre Clave reúne y desarrolla líderes potenciales.

✦ Es un riesgo reunir líderes no probados, inestables, infieles, y desleales; que explotan la iglesia para sus propios propósitos.

✦ Busque a aquellos que están dispuestos a servir en áreas sencillas.

✦ Cuidado con los que son incapaces de mantener confidencias.

Moisés fue instruido para seleccionar una clase particular de persona que se mantuviera con él y le ayudara a llevar la carga. Debían ser hombres capaces. El texto original hebreo alude a la idea de tener fuerza, poder y vigor; ser un guerrero o mostrar coraje, valor, ser firme (ver 2 S. 17:10).

Además escoge tú de entre todo el pueblo varones de virtud, temerosos de Dios, varones de verdad que aborrezcan la avaricia; y ponlos sobre el pueblo por jefes de millares, de centenas, de cincuenta y de diez (Ex. 18:21).

Y yo descenderé y hablaré allí contigo, y tomaré del espíritu que está en ti, y pondré en ellos; y llevarán contigo la carga del pueblo, y no la llevarás tu solo (Nm. 11:17).

Entonces Jehová descendió en la nube, y le habló; y tomó del espíritu que estaba en él, y lo puso en los setenta varones ancianos; y cuando posó sobre ellos el espíritu, profetizaron, y no cesaron (Nm. 11:25).

Moisés escogió hombres que temían a Dios, hombres que tenían reverencia para Dios. Los conceptos de temer y vivir correctamente están relacionados íntimamente; son casi sinónimos. Esos hombres debían tener un respeto saludable por Dios y por una vida santa.

> Moisés estaba para proveer líderes que la congregación pudiera respetar, en quienes pudieran confiar y seguir sin temor.

Moisés debía escoger hombres de verdad que mantuvieran sus promesas consistentemente, hombres de palabra, hombres de integridad. Él escogió a aquellos que odiaban la lascivia y no estaban dispuestos a ser movidos por ganancia financiera. Buscó hombres que tuvieran el espíritu de sabiduría, porque sabiduría es necesaria en cada área de liderazgo, en cada área de la vida. Ellos debían ser hombres maduros, respetados y probados en su ministerio. Debían tener una reputación establecida y aceptada por el pueblo.

La responsabilidad de Moisés era proveer líderes que la congregación pudiera respetar, en los cuales pudiera confiar, y seguir sin temor. La Iglesia de hoy necesita líderes calificados que la guíen a las victorias del mañana. ¿Dónde puede encontrar el Hombre Clave liderazgo calificado? ¿Debe el Hombre Clave levantar los suyos propios o hacerles venir de algún colegio u otra iglesia semejante? Si el pastor escoge entrenar los suyos, ¿Qué métodos debe usar? ¿Qué cualidades debe poseer el líder?

La Biblia es el libro provisto para todos los que entrenan líderes y tratan de edificar iglesias locales saludables. Los conceptos y principios de entrenar liderazgo local deben establecerse sobre premisas bíblicas.

> El Hombre Clave tiene la responsabilidad de reunir y desarrollar a buenos líderes.

En Filipenses 2:20, Pablo se refiere al líder que él había entrenado para la iglesia de Efeso. "Pues a ninguno tengo del mismo ánimo, y que tan sinceramente se interese por vosotros." Otras traducciones dicen, "de una misma alma o tan interesado como yo estoy en el pueblo de Dios." "Porque no tengo a alguien más, tan cerca de mi propia actitud, como mi hijo Timoteo." "Porque no tengo otro con espíritu afable, que esté tan dispuesto." Pablo estaba en la prisión. Su ministerio estaba limitado, así que tenía que confiar en alguien más. Él puso su confianza en su hijo en la fe, Timoteo. Nadie excepto Timoteo, manejaría los problemas, la gente, y presionaría en la forma en que Pablo mismo lo haría. Timoteo era un hombre de carácter y ministerio probado, un verdadero hijo en el evangelio. Timoteo tenía lo que Pablo llamaba un espíritu afable. Era uno que pensaba igual, semejante en alma.

Un Hombre Clave tiene la responsabilidad de reunir líderes potenciales y desarrollarlos para que sean buenos líderes a la congregación. 1 Crónicas. 12:22 dice, "Porque entonces todos los días venía ayuda a David, hasta hacerse un gran ejército, como ejército de Dios." Cuando usted reúne a grandes líderes, tiene el principio de una gran iglesia. Sus líderes tendrán la habilidad de llevar adelante la obra de Dios en cada departamento de la iglesia, de la misma forma en que usted mismo lo haría con la unción del Espíritu Santo, y aun ellos lo harán de una manera mejor.

Jesús oró toda la noche antes de escoger a los doce (Lc. 6:12-13). Al reunir líderes usted corre un riesgo. Este es uno de los riesgos necesarios al ser un Hombre Clave. ¡La oración ferviente es el único recurso sabio!

✦ Usted arriesga al reunir líderes impostores.

Hechos 28:3 dice, "Entonces, habiendo recogido Pablo algunas ramas secas, las echó al fuego; y una víbora, huyendo del calor, se le prendió en la mano."

CAPÍTULO SIETE

Pablo estaba reuniendo algunas ramas para hacer un fuego y calentarse. Pero entre ellas había una víbora. Tan pronto como el fuego alcanzó a la serpiente ésta salió y atacó a Pablo en una mano. Cuando reunimos líderes hay la posibilidad que en el montón de ramas, pudiera haber una víbora. Esa víbora podría tener suficiente poder para prenderse de su mano y envenenarlo en el ministerio.

Pablo se sacudió la serpiente y usted lo puede hacer también. Isaías 11:1-3 dice que debemos aprender a juzgar no por el ojo o el oído natural. Debemos orar toda la noche, como lo hizo Jesús, quien oró por discernimiento para escoger los líderes correctos. Es posible tener más ramas que víboras, sin embargo, a veces parece que estamos escogiendo más víboras que ramas.

✦ Usted arriesga al reunir líderes no probados.

Pablo escogió a Juan Marcos quién falló en un tiempo de presión.

Habiendo zarpado de Pafos, Pablo y sus compañeros arribaron a Perge de Panfilia; pero Juan, apartándose de ellos, volvió a Jerusalén (Hch. 13:13).

Pero a Pablo no le parecía bien llevar consigo al que se había apartado de ellos desde Panfilia, y no había ido con ellos a la obra (Hch. 15:38).

Marcos le falló al equipo en un tiempo de crisis; vaciló y se regresó. Decepcionó a Pablo. Reveló una grieta en su carácter. Más tarde, fue restaurado al equipo de liderazgo, después de que su carácter fue desarrollado. Los líderes toman esta clase de riesgos al escoger líderes que no están probados y aprobados. Podríamos ser sorprendidos, podríamos ser decepcionados. Nunca se sienta tan desilusionado que se niegue a restaurar a un líder que le decepcionó. Siga desarrollándolos aun cuando usted vea claramente sus debilidades.

Toma a Marcos y tráele contigo, porque me es útil para el ministerio (2 Ti. 4:11).

✦ Usted Arriesga al reunir líderes inestables e infieles.

David tuvo a Ahitofel (2 S. 15:12; 16:21; 17:23), Pablo escogió a Demas.

Os saluda Lucas el médico amado, y Demas (Col. 4:14).

Demas fue cambiado por un tiempo corto a causa de la presencia de Pablo. Fue magnetizado por el ministerio magnético de Pablo, pero tan pronto como estuvo alejado del imán, regresó a su propio carácter y negó el camino de Cristo (vea 2 Ti. 4:10). Demas es la marca de un discípulo cuyo impulso inestable le causó rendirse a la pasión del sacrificio, y luego hundirse en las aguas turbulentas del mundo.

✦ Usted arriesga al reunir líderes desleales.

Absalón fue dotado con una hermosura sorprendente, con presencia de orden, con dignidad natural, con extraordinaria gracia, encanto, y elocuencia (2 S. 14:25). Aun así, una pérfida naturaleza estaba dentro de él. Absalón tuvo ofensas no resueltas que le llevaron a odiar y traicionar a David. Su ego, orgullo y egoísmo le guiaron a creer que él podía tener todo lo que quería, y que era un mejor líder que su padre, el gran David. Su deslealtad le llevó a un complot asesino hacia su propia familia (2 S. 15). Estuvo dispuesto a atacar a David para que su propio espíritu egoísta pudiera ser satisfecho.

+ Usted arriesga al reunir líderes que explotarán la iglesia local para sus propios propósitos, y no cuidarán del rebaño, como lo haría un verdadero pastor.

El líder que todos queremos tiene un corazón que no se ofende, un corazón que no se queja, pues confía en los caminos de Dios, en sus tratos inexplicables con el alma y en su manera de ordenar la vida. Esta clase de líder es raro.

Necesitamos líderes que sean nacidos en los elementos principales de la visión, principios, y filosofía de la iglesia local. Necesitan ser nacidos en la visión de la casa (Pr. 29:18), en los principios de la casa (2 Cr. 4:20; 1 Cr. 15:13), en la filosofía de la casa, en las normas de la casa, en las doctrinas de la casa, los procedimientos de la casa y el espíritu de la casa. Como la Biblia dice en Génesis 14:14, que los siervos de Abraham, quienes tomaron las armas, eran los nacidos en su casa.

El proceso de nacimiento para miembros del equipo requiere de una identificación espiritual con la iglesia local. Como la visión y los principios de la iglesia local han sido establecidos, necesitan ser asimilados en el espíritu de los miembros del equipo, no sólo en sus mentes. Una iluminación espiritual debe tomar lugar, resultando en un espíritu dócil y en un líder cambiado.

Observe a aquellos que están dispuestos a servir en áreas sencillas.

El Espíritu Santo iluminará la mente del Hombre Clave mientras el equipo está siendo formado. El Señor pondrá en el corazón del pastor principal a aquellos que debe entrenar y levantar en la iglesia local. Busque estabilidad de carácter, alguien que tiene un corazón firme, sin luchas y sin ofensas. Una marca de identificación positiva sería fidelidad en todas las áreas de la vida, fidelidad en cosas pequeñas, en cosas naturales, y en cosas que pertenecen a alguna otra persona (Lc. 16:10-12).

Un líder humilde responderá correctamente al ser corregido. Si hay orgullo involucrado habrá una reacción e irritación continua mientras usted trata de levantar un líder que no recibe corrección.

Observe a aquellos que están dispuestos a servir en áreas sencillas, no sólo en las áreas que ellos escogen. Deben mostrar una disposición para servir en cualquier área en que la iglesia tenga necesidad. Un hombre que se promueve a sí mismo al lugar de liderazgo sin servir, es un líder que mutilará al cuerpo de Cristo.

Un alto nivel de integridad personal es de suma importancia. Un líder debe tomar sus propias palabras seriamente. Es un hombre a quien una promesa le crea una obligación que debe ser cumplida, es una persona que cumplirá sus votos y promesas.

Los líderes que se han identificado con el espíritu del Hombre Clave y el espíritu de la casa también responderán a la predicación y enseñanza del púlpito. Si un líder no toma notas, no dice amén, no sonríe ni muestra alguna respuesta, seguramente hay que tener alguna discusión con él acerca de su amor personal por la predicación.

Cuando un líder es nacido en la iglesia local, tendrá un amor genuino por la gente. Permanecerá después de los cultos y se mezclará con la gente. A la gente le gustará estar con él y reunirse a su alrededor en todas las reuniones públicas, convivencias, reuniones de hogar y reuniones de liderazgo. Su sensibilidad a las necesidades de otros, hace nacer en otros, un amor por ese líder.

Cuidado con los que son incapaces de mantener confidencias.

Escoja personas que tienen relaciones buenas con sus familias y amistades. Cuidado con aquellos que no tienen una habilidad para mantener confidencias y que están apresurados para hacer sus propias decisiones. Si una persona continúa haciendo llamadas con opiniones dudosas y decisiones equivocadas, aun después de haber sido advertida y enseñada con respecto a esas áreas, esa persona finalmente herirá a la iglesia.

Uno que es inestable emocionalmente en situaciones que causan presión, también causará problemas emocionales en la iglesia. No solamente debe usted mirar al líder mismo, sino también considerar a la esposa. Inestabilidad emocional causará presión tanto en el hogar como en su área de liderazgo.

Si una persona está presionando buscando promoción y reconocimiento resultará en pequeñas muestras antes de que sea claramente manifiesto. Note si siempre está al lado de gente que hace decisiones equivocadas, o que está promoviendo conceptos equivocados. Si regularmente se justifica a sí mismo y transfiere la culpa de sí mismo a otros, esto debe advertirle de no levantarlo como un líder.

Todos los miembros potenciales del equipo de ministerio deben pasar a través del fuego revelador de Dios. El fuego revela la verdadera naturaleza del líder potencial. Hasta que un líder pasa por el fuego, él es un factor desconocido en el equipo de liderazgo (vea Lv. 1:7-17; Mt. 3:11-12; 1 Co. 3:13; 1 P.1:7; He. 12:24).

CAPÍTULO OCHO

MOISÉS: TRATANDO CON CONFLICTOS EN LA IGLESIA

Puntos Sobresalientes

✦ Un Hombre Clave que no sabe cómo manejar conflictos los tendrá continuamente en su iglesia.

✦ No todo conflicto es negativo.

✦ Todo el liderazgo debe estar debajo empujando hacia arriba.

✦ Madurez es evidenciada cuando un problema es solucionado sin reacción, represalia, o crítica.

Moisés se hizo cargo de los casos difíciles. En la iglesia local, los conflictos son los casos difíciles.

Ellos juzgarán al pueblo en todo tiempo; y todo asunto grave lo traerán a ti, y ellos juzgarán todo asunto pequeño. Así aliviarás la carga de sobre ti, y la llevarán ellos contigo. (Ex. 18:22).

En cada región del mundo, las iglesias experimentan los efectos devastadores de desacuerdo, discordia, y conflicto. La iglesia primitiva en el nuevo testamento encaró varios problemas similares y sobrevivió. El problema principal en la mayoría de las iglesias, usualmente se relaciona con algún conflicto no resuelto de liderazgo, o algún conflicto congregacional sin solución.

Dios dio a Moisés la habilidad de manejar los conflictos que se levantaron en la nación de Israel. El Hombre Clave hoy tiene la unción del Espíritu Santo y la sabiduría de Dios para manejar los diferentes conflictos que resulten en la iglesia. Un Hombre Clave que no sabe cómo manejar los conflictos, continuamente tendrá pequeños fuegos ardiendo en su iglesia.

No todo conflicto es negativo.

El conflicto puede hacernos duros o suaves, amargos o mejores. Puede hacernos perder la confianza y sentirnos temerosos de tomar iniciativas cuando vemos problemas, porque tenemos miedo de lo que podría suceder. El conflicto fortalece nuestro carácter. Cuanto más conflicto tengamos, más oraremos, aprenderemos la Palabra de Dios y mantendremos la humildad como un pabellón sobre nuestra vida.

CAPÍTULO OCHO

El conflicto nos hace examinar y purificar nuestros motivos. El conflicto revela faltas y grietas en nosotros mismos y en la iglesia, que de otra forma no pudieran haber sido reveladas. El conflicto nos enseña perseverancia y precaución espiritual. Algunas veces causará que demos un salto para ponernos en la voluntad de Dios, cuando no estuvimos intentando saltar a ningún lado. No todo conflicto es negativo. Hay tiempos cuando el Señor sacude a la iglesia y permite que el conflicto venga, para que podamos hacer los cambios necesarios.

El diccionario de Webster define el conflicto como una reunión sorprendente, un debate, pelear, contender, chocar, incompatibilidad; estar en oposición, un desacuerdo acentuado; un tumulto emocional como resultado de un choque.

La palabra griega *Agon* fue usada para identificar el lugar donde los griegos se reunían para celebrar los juegos olímpicos y observar la contienda de los atletas. Esta palabra llegó a significar lucha o combate. *Agon* es traducido de cinco diferentes formas en el Nuevo Testamento. Es traducido como conflicto en Filipenses 1:30; oposición en 1 Tesalonicenses. 2:2; batalla en 1 Timoteo 6:12; carrera en Hebreos 12:1; y agonía en Lucas. 22:44.

Conflicto es hermano de contención. Estos dos habitan y crecen juntos donde no hay un manejo correcto. En Hechos 15:39 la iglesia primitiva vio una contención grande entre su liderazgo (Vea también Pr. 18:18; 1 Co. 1:11; Pr. 23:30).

La palabra contención tiene la idea de riña, especialmente rivalidad o disputa como en la iglesia de Corinto, o tener un sentimiento fuerte o emoción hacia alguien que afecta nuestro nivel de irritación. Contención lleva consigo la idea de pleito, o ser uno que ama pelear. Significa el ansia de contender. Donde hay contención y conflicto hay también lucha y discordia (Pr. 6:16-19).

Estas son algunas de las áreas de conflicto en el liderazgo:

+ Cuando hay una inconsistencia al practicar los principios bíblicos que están claramente establecidos en la iglesia local.

+ Cuando el liderazgo viola normas y actitudes enseñadas a la gente.

+ Cuando el liderazgo presuntuosamente declara una visión o dirección del Señor, y luego aborta esa dirección para moverse en otra, sin explicación.

+ Cuando el liderazgo esquiva, pospone, o ignora la necesidad de confrontar a aquellos que están sembrando semillas de contención, y luego no maneja correctamente el problema.

+ Cuando un pastor principal viola sus propias normas y sabiduría al escoger el liderazgo no calificado para servir al pueblo, causando gran confusión.

+ Cuando el pastor o el líder maneja una situación explosiva de prisa, sin oración y sin considerar las ramificaciones de sus acciones o decisiones.

+ Cuando el liderazgo no practica consistentemente el principio de perdón enseñado en Mateo 18, permitiendo que las ofensas crezcan en la iglesia y en los líderes.

+ Cuando el pastor principal viola el espíritu del ministerio en equipo actuando independientemente de los ancianos o del consejo de liderazgo y haciendo decisiones importantes que afectarán al cuerpo completo.

En Hechos 15 vemos tres principios básicos que fueron usados por el liderazgo para manejar conflictos. Primero, vemos el principio de comunicación efectiva con un corazón honesto y un espíritu dócil (Hch. 15:1-4,6). Segundo, vemos al liderazgo reunirse para considerar el asunto, antes de hablar a la congregación. (Hch. 15:6). Tercero, vemos el principio de reunir todas las evidencias y decisiones de las partes involucradas.

Estos tres principios funcionarán en cualquier conflicto en la iglesia local. Comunicación efectiva toma mucho tiempo y trabajo. Reunir evidencia puede ser tedioso y doloroso, con todo, sin esas evidencias nos arriesgamos a hacer crecer el conflicto en lugar de resolverlo.

En seguida mencionamos algunas sugerencias prácticas para manejar conflictos en el equipo de liderazgo o en la iglesia local:

✦ El principio de refrenarse de decisiones precipitadas.

✦ El principio de acción inmediata, pero con gracia.

✦ El principio de tolerar el fracaso humano.

✦ El principio de no repetir medias verdades.

✦ El principio de buscar amorosamente lo mejor en la gente.

✦ El principio de disciplinar impulsos carnales y reacciones negativas.

✦ El principio de manejar imaginaciones vanas.

- El principio de darse cuenta de que estamos en guerra con un adversario espiritual, el diablo.
- El principio de permitir algunas diferencias en metodología.
- El principio de tratar con problemas de raíz y no sólo manifestaciones.

La reunión del lavamiento de pies en Juan 13 provee entendimiento de cómo manejar conflictos. Tres cosas sucedieron en este capítulo. Primero, Jesús hizo a un lado sus vestiduras. El siervo maduro está dispuesto a hacer a un lado su reputación o la dignidad de posición para tratar con un problema.

Todo liderazgo debe de estar debajo empujando hacia arriba.

Muchas veces tenemos que poner a un lado nuestros títulos y posiciones para hablar amorosamente los unos a los otros, y no permitir que esas cosas intimiden a la gente con la que estamos tratando. Un líder maduro sabe que al tratar con conflictos, debe exponerse a sí mismo y ser profundamente sincero y honesto con la gente.

Segundo, Jesús se ciñó con una toalla. Esta es la forma de vestir de un siervo. Un verdadero líder se ceñirá a sí mismo con la actitud de un siervo. Todo el liderazgo debe de estar debajo empujando o sosteniendo. Todo el liderazgo debe tomar la mentalidad y la actitud de un siervo, continuamente y en cada situación.

Aun cuando usted está en lo correcto y ha sido acusado de algo equivocadamente, tome la actitud de un siervo.

Cuando está en un lugar donde puede tomar represalias, tome la actitud de un siervo. Cuando está en un lugar donde puede tomar venganza sobre alguien, recuerde la toalla del siervo. El manto de los siervos no es un collar o un título. Es la actitud del siervo.

Tercero, Jesús lavó sus pies. Ésta era la función de un siervo. Esto muestra la humildad de Cristo y qué tan desinteresado él estaba respecto a su propia reputación. La verdadera humildad se expresa a sí misma, no en comparaciones desfavorables de nosotros con los demás, sino en devoción completa a los intereses de ellos.

En 1 Pedro 5:5 en la Biblia al Día dice, "Sírvanse unos a otros con humildad." Jesús mostró a sus discípulos cómo ministrar los unos a los otros y cómo prepararse a sí mismos para conflictos que pudieran levantarse en el equipo y en la iglesia. Podemos hacer eso, sólo si nos vestimos la toalla del siervo.

Lavarnos los unos a los otros con un espíritu humilde y el poder del Espíritu Santo, viene a ser una clave de relaciones dentro del equipo de liderazgo. Lavarse por el Espíritu Santo es la evidencia de madurez y la clave al éxito del equipo.

Somos responsables de poner a un lado nuestras vestiduras mientras nos lavamos. Somos responsables de ceñirnos con la toalla del siervo. Somos responsables de lavar a nuestro hermano aunque inicialmente nos rechace y no quiera que le lavemos, (como Pedro no quería que Cristo le lavara sus pies). Debemos lavarnos a nosotros mismos primero, para asegurar que hablamos de un corazón y espíritu limpios (Sal. 51:2,7; Jn. 9:7; Hch. 16:33).

Muchos conflictos deben de ser lavados de nuestros corazones y de nuestro equipo de liderazgo. El Hombre Clave pone el ejemplo al ser un siervo con un espíritu humilde, lavando a otros y correspondiendo a aquellos que vienen para lavarle a él.

Algunas veces nos herimos los unos a los otros verbalmente, aceptando medias verdades o diciendo cosas que nos lastiman. Esas cosas necesitan ser borradas de nuestro espíritu y lavadas del liderazgo y de la iglesia. A veces retenemos y escondemos resentimientos que son el resultado de ofensas o desilusiones. Debemos desecharlos en el poder del Espíritu Santo y pedir al Señor Jesús que nos sane.

Áreas débiles causan que tropecemos y hagamos decisiones equivocadas. Mientras formamos un equipo de liderazgo, con la ayuda de los demás, esas áreas pueden ser lavadas y quitadas de nuestras vidas para salvarnos de destrucción.

La madurez es evidenciada cuando un problema es resuelto sin reacción, represalia o crítica.

Posiblemente tengamos fracasos pasados en nuestra relación con otros miembros del equipo. No todas las relaciones se desarrollan suavemente, ya que algunas veces recordamos a la gente en la forma equivocada. Pensamos en el último conflicto que tuvimos con ellos, o en lo último que nos dijeron y que no era tan agradable. Puede ser que juzguemos a la gente sobre la base de relaciones fracasadas del pasado. Algunas veces hacemos juicios apresurados contra decisiones o procedimientos de otros líderes. Madurez es evidenciada cuando un problema es solucionado sin reacción, represalia, crítica, tomándolo en forma personal, u obstinación en ese asunto.

Permitamos al Espíritu Santo producir en cada líder la actitud adecuada que cause lavarnos los unos a los otros y edificar un equipo fuerte a pesar de los conflictos que experimentamos.

CAPÍTULO NUEVE

MOISÉS: EL AVANCE ESPIRITUAL DE LA CONGREGACIÓN

Puntos Sobresalientes

+ El avance espiritual de la iglesia depende de líderes capaces de levantar la vara y romper los obstáculos que se presenten.

+ El Hombre Clave es el instrumento para mover al pueblo de Dios adelante.

+ No se aferre demasiado a su ministerio. Este pertenece a Dios.

El avance espiritual de la iglesia depende de líderes espirituales que son capaces de romper los obstáculos que se presenten. Moisés llevaba una vara, la cual Dios transformó en un instrumento que le ayudó a liberar y guiar a la nación de Israel.

Entonces Jehová dijo a Moisés: ¿Por qué clamas a mí? Di a los hijos de Israel que marchen (Ex. 14:15).

Entonces Moisés respondió diciendo: He aquí que ellos no me creerán, ni oirán mi voz; porque dirán: no te ha aparecido Jehová. Y Jehová dijo: ¿Qué es eso que tienes en tu mano? Y él respondió: una vara. Él le dijo: Échala en tierra. Y él la echó en tierra, y se hizo una culebra; y Moisés huía de ella (Ex. 4:1-3).

La vara del Hombre Clave habla de la confirmación de su don espiritual dado por Dios para llevar a la iglesia adelante en todo tiempo. El Hombre Clave debe entonces establecer su confianza en el hecho de que ha sido equipado y llamado para guiar. La persona con la vara es la clave para mover al pueblo de Dios adelante. Israel fue bautizado o inmerso durante el liderazgo de Moisés (1 Co. 10:2). ¡Sin Moisés no hay avance!

El Hombre Clave es el instrumento para mover al pueblo de Dios adelante.

Las siguientes Escrituras muestran el ministerio de la vara en función:

- Para hacer señales y maravillas.

Y tomarás en tu mano esta vara, con la cual harás las señales (Ex. 4:17).

- Para abrir un camino donde no hay.

Y tú alza tu vara, y extiende tu mano sobre el mar, y divídelo, y entren los hijos de Israel por en medio del mar, en seco (Ex. 14:16).

- Para producir agua en el desierto, y refrescar al pueblo de Dios.

Y Jehová dijo a Moisés: Pasa delante del pueblo, y toma contigo de los ancianos de Israel; y toma también en tu mano tu vara con que golpeaste el río, y ve (Ex. 17:5).

- Para asegurar victorias en el tiempo de guerra.

Y dijo Moisés a Josué: Escógenos varones, y sal a pelear contra Amalec; mañana yo estaré sobre la cumbre del collado, y la vara de Dios en mi mano (Ex. 17:9).

- Para proveer comida al rebaño de Dios.

Apacienta tu pueblo con tu cayado, el rebaño de tu heredad, que mora solo en la montaña, en campo fértil;

MOISÉS: EL AVANCE ESPIRITUAL DE LA CONGREGACIÓN 97

busque pasto en Basán y Galaad, como en el tiempo pasado (Mi. 7:14);

✦ Para gobernar con equilibrio en poder y autoridad.

El que tiene oído, oiga lo que el Espíritu dice a las iglesias. Al que venciere, le daré a comer del árbol de la vida, el cual está en medio del paraíso de Dios (Ap. 2:7).

Y ella dio a luz un hijo varón, que regirá con vara de hierro a todas las naciones; y su hijo fue arrebatado para Dios y para su trono. (Ap. 12:5).

De su boca sale una espada aguda, para herir con ella a las naciones, y él las regirá con vara de hierro; y él pisa el lagar del vino del furor y de la ira del Dios todopoderoso (Ap. 19:15).

✦ Para medir la casa de Dios y edificar de acuerdo al patrón divino.

Entonces me fue dada una caña semejante a una vara de medir, y se me dijo: Levántate, y mide el templo de Dios, y el altar, y a los que adoran en él. Pero el patio que está fuera del templo déjalo aparte, y no lo midas, porque ha sido entregado a los gentiles; y ellos hollarán la ciudad santa cuarenta y dos meses (Ap. 11:1-2).

✦ Para corregir y poner la casa de Dios en orden.

¿Qué queréis? ¿Iré a vosotros con vara, o con amor y espíritu de mansedumbre? (1 Co. 4:21).

CAPÍTULO NUEVE

El Hombre Clave debe levantar su vara. No permita usted que sus propias derrotas o preguntas impidan disfrutar la provisión divina en la vara que Dios le ha dado. Dios unge al oficio, no sólo al hombre. Algunas personas se levantarán contra los métodos o personalidad del Hombre Clave, no entendiendo que Dios honra al oficio y al hombre. Con el llamamiento a ser un Hombre Clave sobre una congregación, viene la autoridad y el honor de Dios para guiarla.

¡Levante su vara! ¡Tenga confianza en su llamamiento, en su oficio! Dios abrirá un camino donde no hay. Dios proveerá agua refrescante para el rebaño en medio de las tormentas del desierto. Usada correctamente con fe y humildad, la vara resultará en grandes beneficios para el pueblo de Dios.

A Moisés le fue dicho: Échala en tierra (Ex. 4:3). Puede ser que esto habla de nuestra necesidad de aprender cómo devolver nuestro ministerio a Dios. Todo lo que tenemos pertenece a él. No se aferre demasiado a su vara. Pertenece a Dios. Échala en tierra ante sus pies en una actitud de gratitud, sabiendo que él le ha dado la vara y puede volverla a tomar.

Se nos dice en Éxodo 4:3 que la vara se convirtió en una serpiente. Esto puede hablarnos del potencial malo de todos nuestros talentos y ministerios, cuando no son sostenidos por Dios. Cada Hombre Clave tiene el potencial de convertirse en una serpiente. "Serpentología" puede reemplazar nuestra teología e integridad.

**No se aferre fuertemente a su ministerio.
Pertenece a Dios.**

Si Dios diera a cada Hombre Clave un vistazo de qué tan perversos fueran sin la misericordia y gracia de Dios habitando en ellos, esto cambiaría su ministerio completo para siempre.

A Moisés le fue dicho: Tómala por la cola. La serpiente

entonces se convirtió en vara otra vez. Levantar a una serpiente por la cola es lo opuesto a la sabiduría natural del hombre. Usted no puede controlarse o protegerse si levanta una serpiente por la cola. Dios nos ayuda a entender que debemos manejar la vara que él ha puesto en nuestras manos con gran cuidado y sabiduría. La vara es usada para romper todo obstáculo aparentemente imposible que se levanta en el camino del avance espiritual.

Y tú alza tu vara, y extiende tu mano sobre el mar, y divídelo, y entren los hijos de Israel por en medio del mar, en seco (Ex. 14:16).

Israel necesitaba un rompimiento. Un rompimiento puede ser definido como una victoria espiritual que remueve obstáculos que han estado allí largo tiempo, y libera al pueblo de Dios a un nuevo nivel de bendición espiritual y libertad. Moisés levantó su vara y dividió el obstáculo.

La palabra *dividir* en Éxodo 14:16 significa un rompimiento que resulta en un estallido, una manifestación sorprendente de gran fuerza que produce un rompimiento, abriendo lo que estaba cerrado, la fuerza inmensa que hace desgajarse un árbol, o una tropa que entra en una ciudad amurallada, removiendo así todos los obstáculos.

No debemos llegar a preocuparnos al usar la vara de autoridad en contra de obstáculos obstinados. Un cortador de piedra golpea una roca cien veces sin hacer una sola grieta. Aun así, al golpe ciento uno la rompe en dos. ¡No fue ese último golpe que la dividió, sino todos los que habían venido con anticipación! ¡Con la unción de Dios en nuestra vara, romperemos cada mar rojo, cada obstáculo delante de nosotros!

Y vino David a Baal-Perazim, y allí los venció David, y dijo: Quebrantó Jehová a mis enemigos delante de mí, como corriente impetuosa. Por esto llamó el nombre de aquel lugar Baal-Perazim (2 S. 5:20).

Entonces los tres valientes irrumpieron por el campamento de los filisteos, y sacaron agua del pozo de Belén que estaba junto a la puerta; y tomaron, y la trajeron a David; mas él no la quiso beber, sino que la derramó para Jehová (2 S. 23:16).

Un obispo de la iglesia primitiva escribió esta oración que bien puede ser aplicable a cada líder:

Puesto que tú, oh Señor, has designado a este guía ciego para guiar a tu pueblo, por causa de ellos, Señor, si no por la mía, enseña a quien tú has constituido su maestro, guía a quien tú has puesto para guiarles y gobierna a quien es su gobernante.

CAPÍTULO DIEZ

LA MEZCLA DE DONES DEL HOMBRE CLAVE

Puntos Sobresalientes

✦ El ministerio del pastor principal afecta cada aspecto de la vida de la iglesia.

✦ Un apóstol/pastor planta iglesias y es como un padre para otros pastores.

✦ Un profeta/pastor inspira fe para señales y prodigios.

✦ Misiones y evangelismo rodean al evangelista/pastor.

✦ Un maestro/pastor puede hacer crecer iglesias grandes bien equilibradas.

La expresión ministerial del pastor principal es de suma importancia para tomar todas las decisiones, establecer la visión y alimentar la iglesia.

La mezcla de dones del Hombre Clave puede ser una combinación de los cinco dones ministeriales de la ascensión, la gracia, y otros dones espirituales.

Y él mismo constituyó a unos apóstoles; a otros, profetas; a otros, evangelistas; a otros, pastores y maestros, a fin de perfeccionar a los santos para la obra del ministerio, para la edificación del cuerpo de Cristo (Ef. 4:6).

Estos son los dones ministeriales otorgados después de la ascensión. Después de que Cristo descendió y ascendió, dio a la Iglesia estos dones.

Todos estos, apóstol, profeta, evangelista, pastor y maestro, son para la perfección, entrenamiento y edificación del cuerpo de Cristo. El resultado final de estos ministerios es traer a la Iglesia a la unidad de la fe, a un varón perfecto y maduro.

El apóstol es enviado con autoridad para representar fielmente los propósitos e intenciones del que lo envía. El profeta es el portavoz de Dios. El evangelista anuncia las buenas nuevas del evangelio y equipa a otras personas para hacer lo mismo. El pastor alimenta y cuida las ovejas. El maestro instruye a otros y presenta la verdad en secuencias sistemáticas.

La mezcla de dones del Hombre Clave Apostólico

La mezcla de dones del apóstol/pastor produce un fundamento apostólico fuerte, una visión apostólica y un equipo de liderazgo apostólico. Plantar Iglesias y ser padre de otros pastores es evidente en la iglesia. Un énfasis fuerte sobre doctrina y principios de estructura bíblica producen una iglesia muy fuerte y saludable.

El apóstol/pastor ve más allá de las necesidades a las verdades espirituales que son necesarias para establecer una iglesia fuerte.

Sin embargo, a veces estas Iglesias pueden tener una apariencia rígida y parecen carecer de ministerio inspirador. Usualmente se enfocan sobre lo básico del fundamento para edificar longevidad en la iglesia, más bien que sobre los ministerios inspiradores que son basados en la mentalidad de suplir las necesidades. Algunas personas piensan equivocadamente que el apóstol/pastor no tiene el corazón para suplir las necesidades de la gente. Usualmente él ve más allá de las necesidades a las verdades espirituales que necesitan ser establecidas para edificar una iglesia fuerte y duradera.

La mezcla de dones del Hombre Clave Profético

Una iglesia guiada por un profeta/pastor tiende a ser más inspirador, con señales y prodigios, un tipo de iglesia de mucha fe y expectación en el ambiente. Usualmente no es muy fuerte en doctrina y principios, y puede ser débil en la administración. El discipulado muy a menudo ocurre automáticamente, en vez de echar mano de una estrategia bien planeada. El Hombre Clave profético necesita levantar líderes alrededor de sí con los dones administrativos y de enseñanza, para añadir ministerios que él mismo no está añadiendo a la iglesia.

El Hombre Clave profético usualmente es uno que tiene una visión a largo plazo y expone la Palabra de Dios a través de tipos, sombras, símbolos, parábolas e historias para explicar la visión.

La mezcla del Hombre Clave Evangelista

El evangelista/pastor usualmente produce una iglesia que crece a causa del enfoque y fuerza del Hombre Clave y su dotación. Su carisma y enseñanza orientada a las necesidades, junto con buena adoración, producen una atmósfera electrificada de fe y expectación espiritual. Misiones y evangelismo usualmente llegan a ser el palpitar del corazón de esta iglesia.

Un evangelista/pastor puede reunir grandes multitudes, pero posiblemente no les pueda nutrir para que lleguen a ser cristianos fuertes.

Las posibles debilidades serían una predicación superficial y falta de adhesión en la vida de la iglesia y su membresía. Un evangelista/pastor puede reunir grandes multitudes, pero posiblemente no puede nutrirles y guiarles a un fuerte fundamento cristiano, como un Hombre Clave apostólico lo haría. El Hombre Clave/evangelista debe levantar a otros líderes alrededor de él con dones apostólicos y de enseñanza para nutrir a la iglesia en las áreas de necesidad.

La mezcla de dones del Hombre Clave Pastoral

La combinación de un ministerio dominantemente pastoral con uno motivador resulta en ovejas bien alimentadas y cuidadas. La mezcla de dones pastorales funcionando en el Hombre Clave serán evidenciadas en su cuidado y mantenimiento del rebaño más que en funcionar como un líder visionario. La administración, un presupuesto seguro, y un rebaño bien cuidado es su sueño. Puede ser que la iglesia permanezca pequeña, pero usualmente es segura y se garantiza su permanencia. Este tipo de ministerio por lo general desarrolla un gran sistema de células en la iglesia, y mucha preparación para los que practican la consejería pastoral. Puede ser que la iglesia sea más introvertida que extrovertida.

La mezcla de dones del Hombre Clave Maestro

La mezcla del maestro/pastor tiene la capacidad de hacer crecer iglesias bien equilibradas. Su dotación pone en movimiento una química poderosa que resulta en una profundidad de experiencia espiritual, y una seguridad espiritual real. Esta persona habitualmente es un buen comunicador, sistemático y uno que predica en series. Esto, combinado con un amor por la gente, una personalidad afectuosa, y la habilidad de estructurar el pastoreo, es una mezcla dinámica.

Si existe alguna debilidad aquí, sería que esta iglesia tiene demasiado material para exponer los domingos. Él da muchos puntos, muchas instrucciones, sin suficiente evangelismo e inspiración. Para fortalecer las áreas débiles, el Hombre Clave que enseña, puede equipar a la iglesia y levantar ministerios inspiradores para llevarla a salud.

CAPÍTULO ONCE

EL PERFIL MINISTERIAL DEL HOMBRE CLAVE

Puntos Sobresalientes

- Añada alguien al equipo que cubra sus áreas de debilidad.
- La salud espiritual de la gente es una obligación a largo plazo.
- Motive y equipe a los miembros de la iglesia.
- Genere y sostenga un propósito común.
- Confronte, ajuste, y remueva líderes.
- El Hombre Clave tiene que interpretar la cultura.
- El Hombre Clave debe guiar por apoyo – un estilo de liderazgo de siervo.

El estilo de liderazgo del Hombre Clave es la manera que él usa para expresar sus valores y ejecutar su ministerio. El estilo de liderazgo se refiere a la manera distintiva de trabajar de cada persona. El ministro principal u Hombre Clave puede funcionar en algunas o todas las expresiones de ministerio. Puede ser que él haga unas cosas mejor que otras. Usualmente un equipo de liderazgo bien balanceado es edificado para fortalecer el lado débil del pastor principal. La regla a seguir aquí es: Nunca añade miembros a su equipo que son fuertes en la misma área que usted; siempre añada en las áreas de sus debilidades.

El Hombre Clave como predicador

El Hombre Clave se mantiene verdaderamente fiel a la palabra, exhorta en la sana doctrina y refuta a aquellos que contradicen la verdad.

La Palabra de Dios es la base de su enseñanza. El predicador debe cuidadosamente hacer la exégesis de su texto, usando hermenéutica correcta. La predicación debe alimentar a los santos y equiparles para llegar a ser una iglesia fuerte y saludable.

El Hombre Clave como profético

El Hombre Clave profético exhorta, anima, y motiva a la gente hacia metas determinadas.

Él corrige, reprueba, reprende y exhorta a la gente a volver al camino, hacia las metas que Dios ha dado, cuando se han extraviado. El hombre profético puede ver más allá del presente, hacia el futuro y equipar a las personas a caminar en fe.

La congregación exitosa mantiene un propósito claro y auténtico en entrega común entre sus miembros. También sigue aquel propósito por estrategia bien razonada de antemano. Sus actividades o programas se relacionan a sus propósitos, en base a un plan razonado y cuidadosamente preparado. El propósito funciona como una piedra principal para cada pensamiento, decisión, plan, o acción y provee la perspectiva general desde la cual cada uno de estos pueden ser vistos.

El Hombre Clave como atalaya

El atalaya escucha el sonido de la trompeta y discierne correctamente el mensaje. Él tiene que responder al aviso de la trompeta, si va a librar su propia alma.

El atalaya (vigilante) tiene que estar alerta a las cosas pequeñas que destruyen una iglesia local.

Cuando el atalaya escucha la trompeta, él suena la alarma y alerta a la gente del peligro que viene (vea He. 13:17; Nm. 10:4; Ez. 3:17; 33:1-9; Hch. 20:28-31; Jer. 31:6). El atalaya tiene que estar alerta a las cosas pequeñas que destruyen una iglesia local.

Las Escrituras hablan de las zorras pequeñas en el libro de Cantares 2:15; Un poco de indiferencia en Proverbios 6:10 y 24:30-33; la pequeña locura en Eclesiastés 10:1,6; un poco de levadura en Gálatas 5:9 y 1 Corintios 5:6; injusto en lo muy poco en Lucas 16:10; y un miembro pequeño (la lengua) en Santiago 3:1-5.

El Hombre Clave pastoral

El Hombre Clave provee a la congregación con líderes calificados que le ayudan como pastor principal a cuidar la iglesia. El Pastor principal debe pastorear al liderazgo, usando el principio de Paretto (80/20) como guía para pastorear a toda la congregación. Paretto fue un economista francés del siglo XVIII, que enseñó que para alcanzar mejor el éxito, los dueños de negocios usarán el 80% de su tiempo con el 20% de su equipo (gente de mas influencia). El pastor asume la responsabilidad a largo plazo de la salud espiritual del rebaño.

El Hombre Clave como gerente

El Hombre Clave encuentra y echa mano de los recursos para desarrollar maneras y medios de organizar la gente y los programas, para alcanzar las metas y visiones puestas por Dios.

Él establece estrategias y metas evitando que los procesos contraproducentes debiliten la dinámica de la iglesia local.

La meta del Hombre Clave debe ser convertir a cada cristiano en un ministro.

El Hombre Clave como uno que equipa

El Hombre Clave pone metas para una congregación conforme a la voluntad de Dios. Él trabaja para impartir las metas en la gente y busca a personas que las abracen como suyas propias. Él trabaja para motivar y equipar a la gente a que haga su parte respectiva y cumplir así las metas congregacionales.

La meta del Hombre Clave debe ser convertir a cada cristiano en un ministro. Elton Trueblood lo declaró poderosamente, "Si la iglesia promedio repentinamente tomara en serio la idea que cada miembro laico, sea hombre o mujer, en realidad es un ministro de Cristo, tendríamos algo semejante a una revolución en muy corto tiempo." Thomas Gillespie dice en su libro *The Laity In Biblical Perspective (Los Laicos en la Perspectiva Bíblica)*[5], "Movilización toma lugar si los laicos que no son parte del clero están dispuestos a ir adelante, y el clero está listo a dar paso a ellos, y si todo el pueblo de Dios está dispuesto a salir."

El Hombre Clave como un visionario

El Hombre Clave genera, comunica y sostiene un propósito común.

Él puede encender el fuego de la imaginación y crear un sentido de dedicación para una visión que motiva a sus seguidores a servicio eficaz y significativo. Él guarda la identidad y duración de la congregación aclarando y subrayando el propósito. El visionario es una persona espiritual que decide el paso al cual la iglesia debe ir. El visionario desarrolla estrategias para la implantación de la misión de la iglesia y constantemente genera movimiento para alcanzar las metas.

El Hombre Clave como líder

El Hombre Clave causa que la iglesia progrese al subrayar, aclarar y recordar a la gente su propósito. Él mantiene un objetivo en enfoque, mostrando a la gente cómo unir sus esfuerzos para cumplir sus metas comunes. Es un catalizador que ayuda a los individuos a armonizar sus habilidades como cuerpo de Cristo, ayudando a la gente a fortalecer su sentir de propósito a través de una entrega cada vez más creciente a Jesucristo y su Reino.

El Hombre Clave como uno que refina el equipo

El Hombre Clave confronta, ajusta, o quita personas que tienen posiciones oficiales de liderazgo, pero que no están funcionando. Un líder que no funciona transmite estancamiento. Este tipo de actitud puede indicar que un líder secretamente desea impedir el progreso, oponiéndose quietamente a las ideas o decisiones. Si esta situación es accidental o intencional, el Hombre Clave tiene el derecho de confrontarla. Al tomar acción decisiva como esta, el liderazgo debe seguir el lema siguiente: Si está pateando la pelota; asegúrese de que usted la esté pateando hacia la meta indicada. El liderazgo debe tener cuidado de contribuir positivamente a la meta correcta, y no reaccionar de una manera contraproducente.

El Hombre Clave como uno que se arriesga e innova

El Hombre Clave da la bienvenida a los cambios y se emociona al tener oportunidades para llevarlos a cabo. Usualmente es un optimista. Él es optimista acerca del futuro, uno que abre camino, un pionero, uno que abre brechas, uno que se arriesga, y por supuesto uno que es bueno para resolver problemas. No está contento al sólo imaginarse el futuro, sino que desea crearlo y poseerlo. Un hombre de innovación busca trasladar la visión a la realidad, y tiene el empuje y la persistencia para hacerlo. Él crea e implementa ideas con éxito. Una idea sobresaliente significa que las habilidades, capacidades, y energías del líder tienen que ser estiradas para hacer la idea manifiesta a la iglesia o en el Reino de Dios.

Un hombre de innovación trata de trasladar la visión a la realidad.

Un negociante asistió a un seminario conducido por un hombre que por méritos propios había llegado a ser millonario. Este hombre había ganado dinero al especular en el mercado de comestibles y la bolsa de valores. Durante la lectura, otro hombre de negocios se levantó y preguntó al millonario, "¿No sabía usted que toda esta especulación significaba un gran riesgo, y que pudiera haber perdido cada centavo que tenía?" El millonario respondió, "Por supuesto que sí lo sabía." Luego el hombre preguntó, "¿Por qué siguió especulando?" El millonario respondió, "Yo no sé exactamente por qué. Solamente sé que estaba dispuesto a arriesgarme." El hombre, ahora un poco enojado, gritó, "¡pues yo no estoy dispuesto a hacerlo!" Luego el millonario sonriente dijo, "posiblemente esta es la razón porque yo estoy dando esta conferencia ¡y usted está pagando para escucharla!"

El Hombre Clave como el catalizador del equipo

El Hombre Clave reúne un equipo fuerte de líderes altamente calificados y dotados, quienes pueden llevar su carga y un poco más.

Cuando el equipo está siendo edificado, alguien tiene que determinar los valores, metas, normas, filosofías, y la visión en la cual se ponen de acuerdo como equipo. Los miembros del equipo no deben tener la misma mezcla de dones, sino debe haber personas con una variedad de dones que pueda permitir a la congregación crecer en todas las áreas.

El Hombre Clave como analista de cultura

El Hombre Clave estudia, analiza y trata de entender el fluir cultural.

> **Un equipo no puede ser eficaz si su entendimiento de cambio es erróneo, incompleto, mal informado, o fuera de moda.**

Entender el clima moral, social, económico, político y espiritual es importante para el líder que desea edificar una iglesia que está en contacto con la sociedad. Un equipo de liderazgo no puede ser eficaz si su entendimiento de cambio es erróneo, incompleto, mal informado o fuera de moda. Los miembros del equipo tienen que conocer la diferencia entre la verdad que es incambiable y los métodos, procedimientos y programas que son cambiables.

El hombre tiene que interpretar la cultura al estudiar materias, gente y opiniones expertas. Basándose sobre este estudio, él crea e implementa nuevas ideas.

Los libros de George Barna *The Frog In The Kettle (La Rana en la Olla)* y *The User Friendly Church (La Iglesia de Manejo Fácil)*[6] ayudarán al líder a analizar la cultura.

El Hombre Clave como un Motivador

El Hombre Clave motiva a otros para cumplir sus tareas y responsabilidades definidas.

> **Una vez que la gente sabe a dónde va, persistirá en la visión con pasión.**

Él necesita saber el arte de motivar a la gente. La motivación es una llave a todas las actividades de la iglesia. La gente fácilmente llega a enredarse y perder la perspectiva, llega a ser desanimada y se desvía. Necesita motivación para seguir adelante. Una vez que la gente sabe a dónde va, persistirá en la visión con pasión.

Para la mayoría de la gente la motivación no es automática. De hecho, es extremadamente difícil; por lo tanto, el Hombre Clave tiene que ser positivo al motivar a sus colaboradores, equipo de liderazgo, y aun al rebaño.

Exhorte a la gente a comenzar donde están, usando lo que ya tienen y a hacer lo que puedan.

No nos cansemos, pues, de hacer bien; porque a su tiempo segaremos, si no desmayamos (Gá. 6:9).

El Hombre Clave como siervo

El Hombre Clave sirve a otros con la motivación correcta, tratando de desarrollar su potencial.

Jesús es el líder modelo que cada Hombre Clave debe seguir. En Lucas 4:1-21 vemos a Jesús estableciendo su estilo de liderazgo, al rechazar otras filosofías y estilos de liderazgo equivocados. Él rechazó el estilo de liderazgo auto-satisfactorio y decidió que su ministerio no iba a enfocarse en proveer placer personal.

A Jesús le fue ofrecido por el tentador reinar sobre todos los reinos de este mundo. Como respuesta, rechazó demostrar su poder para establecerse como un líder popular. Jesús escogió el estilo de un siervo (vea Mt. 20:20-28; Mr. 10:37-44; Lc. 22:24-27; Mr. 9:35; Lc. 9:48; Jn. 13:14). El Hombre Clave como siervo es uno de los distintivos más importantes que un líder puede desarrollar. Él tiene que guiar por relación, nunca por imposición. Nunca debe demandar obediencia o sumisión. Él debe demostrar cuidado consistente, amor, y servicio a todos aquellos con quienes trabaja.

Cuando El Hombre Clave se mueve a un liderazgo de siervo, el temor de la gente será quitado.

El Hombre Clave guía por apoyo más bien que por control. Él debe siempre dar de sí mismo, en vez de tomar para sí mismo. Este estilo de liderazgo desarrolla potencial en otros. El líder siervo permite que una atmósfera de amor llene el equipo de líderes, rechazando manipulación, dominación o explotación de otros.

El líder siervo tiene una vida llena de cruces, toallas y lebrillos. Él nunca busca posición. Él busca productividad en el Reino. Cuando un Hombre Clave guía como siervo, guía por quebrantamiento y no como jefe o uno que manda. Recuerda, los siervos a veces son maltratados e insultados. En realidad jamás son completamente apreciados en la profundidad de su valor. Cuando el Hombre Clave se mueve al liderazgo de siervo, el temor de la gente será quitado. Es probable que los líderes temerosos, o dicten sus deseos a la gente, o ignoren a otros completamente. ¡Levantémonos con nuestra toalla, lebrillo y agua, y un nuevo espíritu de servicio para aquellos que nos rodean!

Para ti soy un obispo.
Pero contigo, soy un cristiano.
Lo primero es un oficio. El segundo es resultado.
Uno para mí es peligro, el otro seguridad.
Pero ambos representan una gran felicidad.

Ser redimido contigo.
O ser puesto sobre ti.
Como opciones, yo decido.
Siempre te voy a servir.

– Agustín, 354-430 D.c.

CAPÍTULO DOCE

LAS TENSIONES MINISTERIALES Y EL HOMBRE CLAVE

Puntos Sobresalientes

✦ Una iglesia saludable tiene muchas tensiones.

✦ Cuando las tensiones dejan de existir, también deja de existir la vitalidad de la iglesia.

✦ Las verdades tienen que estar cuidadosamente balanceadas cuando los asuntos se apoyan en lados opuestos.

Una iglesia saludable tiene muchas tensiones, y cuando las tensiones dejan de existir, también deja de existir la vitalidad de la iglesia.

La vida y el ministerio involucran todo tipo de personas con sus percepciones, cuidados y problemas únicos. La diversidad de opiniones, las tradiciones religiosas y las diferencias culturales hacen que la tensión sea inevitable.

La tensión es el estiramiento de dos fuerzas opuestas mientras se busca el balance correcto. No todas las tensiones son malas. La existencia de tensión es una señal común de vida. Tenemos que aprender a manejar las tensiones positivas dadas por Dios con sabiduría, más bien que tratar de destruirlas. Esto se hace al balancear cuidadosamente las verdades que se apoyan en los polos opuestos de cualquier asunto o situación.

Un pastor principal hará frente a un número de diferentes tensiones mientras guía a la iglesia a madurez. Esas tensiones incluyen:

1. La tensión entre el énfasis sobre la reunión de la iglesia corporal y sobre el creyente individual.

2. La tensión en desarrollar amistades cercanas dentro del equipo de liderazgo y mantener una relación ministerial y de colaboradores.

3. La tensión entre predicar para nutrir y fortalecer la iglesia y la predicación para engrandecer la visión y hacer crecer la iglesia.

4. La tensión entre el deseo de ser relevante y novedoso, y la necesidad de mantener raíces doctrinales tradicionales.

5. La tensión entre mantener una perspectiva de fe en la visión que empuja hacia adelante y la necesidad de descansar en el Espíritu Santo, permitiendo a Dios hacer su parte.

6. La tensión entre ministrar a todas las necesidades obvias en la iglesia y la comunidad, y ministrar al grupo de personas a quienes Dios llama la iglesia. La tensión entre un ministerio general y uno enfocado.

7. La tensión entre la habilidad de pensar y percibir cosas como líder y la habilidad de pensar y percibir cosas en la manera de una persona común en la iglesia.

8. La tensión entre guiar con autoridad que demanda respeto y dominar a la gente con intimidación que podría ser percibido como manipulación.

9. La tensión entre discipular líderes con dirección, convicción, y principios fuertes, y animar a esos líderes a desarrollar sus propias convicciones, filosofías y técnicas de ministerio.

10. La tensión entre balancear la Palabra y el Espíritu, la teología sana y el fanatismo aparente, el intelectualismo saludable y el emocionalismo. Si el emocionalismo está fuera de control, debemos recordar la amonestación, "Si usamos todo el vapor para el silbido en el tren, no habrá suficiente para moverlo."

Los líderes tienen que aprender a manejar las tensiones dadas por Dios al balancear cuidadosamente las verdades de la Palabra de Dios. Cuando las tensiones bíblicas son correctamente manejadas, la iglesia será llevada a un lugar más cercano a la madurez.

CAPÍTULO TRECE

LAS LUCHAS PARTICULARES DEL HOMBRE CLAVE

Puntos Sobresalientes

✦ El Hombre Clave lucha con quién debe ser, quién quiere ser, y quién tiene que ser.

✦ El Señor guiará a algunas personas a salir de la iglesia para su propio bien.

✦ La batalla de una mente carnal y una carne sin sumisión.

✦ Sea una persona verdadera y accesible.

✦ Algunas veces relaciones traen desánimo.

El Hombre Clave tiene sus luchas particulares. Él lucha continuamente con muchos que se oponen, y a veces parecen atacarle de cada lado. El líder tiene que aprender cómo pelear bien, mantener su equilibrio, mantener su perspectiva y perseverar a través de la oración.

Crisóstomo, uno de los primeros padres de la iglesia (347-407 D.c.) dijo una vez, "No se pueden esconder las fallas del ministerio. Porque las más triviales pronto llegan a ser conocidas. No importa qué tan insignificantes sean las ofensas, esas cosas pequeñas parecen grandes para otros, puesto que todos miden el pecado, no por el tamaño de la ofensa, sino por la posición del pecador."

En seguida notamos veintiún áreas en las cuales el Hombre Clave puede encontrarse luchando.

✦ **El Hombre Clave lucha con la imagen.**

La imagen del ministro formada por el mundo que nos rodea usualmente es negativa. La imagen del ministro presentada por los medios de comunicación es muy deprimente. La imagen del ministro edificada por la iglesia es de alguien piadoso, destinado para la pobreza y siempre disponible para ser pisoteado. El Hombre Clave lucha con quién debe ser, quién quiere ser, y quién tiene que ser. Tal vez ninguna otra profesión se encuentre atrapada en tantas expectativas de contraste y estereotipos distorsionados. Con razón muchos ministros se rinden a la fuerte tentación de hacer conforme lo prescrito y definir así sus personalidades y acciones. (vea 2 Co. 5:1-3; 10:10; 12:11).

CAPÍTULO TRECE

+ **El Hombre Clave lucha con relaciones.**

Él es tentado a no tener amistades cercanas dentro de la iglesia. Es tentado a no ser transparente, escondiendo sus emociones. ¡Es tan fácil ser herido! Pero esto es parte del ministerio, pues la sanidad de Dios es parte de la misericordia divina (2 Co. 7:3). Muchos ministros pagan un precio alto al no admitir su soledad en el ministerio, y al no confrontarla y manejarla con honestidad. Pagan un precio en términos de felicidad y cumplimiento con su autoimagen y en su vida profesional y familiar. Es difícil estimar la importancia de compartir con otro nuestras luchas, dolores y sanidades. Ya que parece que en el ministerio relaciones así son muy difíciles de desarrollar. Tenemos las presiones continuas de las necesidades ajenas sobre nosotros, un horario muy ocupado, la familia y por supuesto las actividades de la iglesia. ¿Y de dónde viene el tiempo para desarrollar amistades verdaderas y genuinas que son edificadas a largo plazo? Yo, en lo personal, soy muy privilegiado de tener algunos amigos muy especiales y cercanos con quienes puedo compartir, dar cuentas a ellos y ser transparente con ellos. La soledad sucede en el ministerio, cuando hay la ausencia de actividad valiosas y relaciones significativas.

+ **El Hombre Clave lucha con resentimiento.**

Cuando alguien sale de la iglesia es muy fácil sentirse herido en una manera personal. Recuerda, es la Iglesia de Cristo. La gente no siempre trata al Hombre Clave con respeto y amor. Él no puede tomar todo muy a pecho. El Señor guiará a algunas personas a salir de la iglesia para el propio bien de ellos, y a veces para el bien de la iglesia también.

✦ **El Hombre Clave lucha con las expectativas de otros.**

Es difícil decir si las expectativas a las que respondemos vienen principalmente de otros o de nuestro interior. La mayoría de nosotros nos damos cuenta de que hay cosas que no podemos hacer y cosas que no sabemos, pero generalmente no estamos dispuestos a mostrar esta marca de humanidad. Necesitamos deshacernos de la carga de expectativas idealistas.

Sólo nosotros podemos decidir lo que Dios espera de nosotros.

La esposa, los hijos, los colaboradores, la gente, las ovejas, las cabras—todos tienen sus ideas de cómo el Hombre Clave debe relacionarse con ellos y lo que él debe hacer. Sin embargo, sólo nosotros podemos decidir lo que Dios espera de nosotros.

✦ **El Hombre Clave lucha con prioridades.**

Como la mayoría de la gente, los pastores tienen prioridades, una lista de cosas que valuamos en orden de importancia. Pero un asunto es tener la lista, y otra cosa saber cómo seguirla. ¿Qué acerca de la familia, amistades, Dios, salud, recreación? ¿Qué se debe hacer primero hoy (2 Co. 1:17)?

✦ **El Hombre Clave lucha con culpabilidad.**

En algún punto todos los pastores han pensado, "Yo no soy un buen pastor. Si sólo hubiera hecho esto, ellos no hubieran seguido adelante con su divorcio. Si yo sólo hubiera dicho esto... Yo no soy un buen padre, necesito dar a mis hijos más tiempo. Mi cuerpo está en realidad en mala condición, yo necesito más tiempo para cuidar del templo de Dios."

> **Honestidad con la congregación soltará al Hombre Clave de la presión indebida de ser perfecto.**

+ **El Hombre Clave lucha con la carne.**

El Hombre Clave lucha con el síndrome de ser perfecto que usualmente prevalece en la iglesia. Los ministros normalmente mantienen puesta su máscara de rectitud a todo costo. Se espera que no tengan problemas mayores con carnalidad. Por supuesto esa no es la realidad. Todos tratamos con la batalla de una mente carnal y una carne sin sumisión. Una honestidad modesta con la congregación va a educarla a soltar al Hombre Clave de la presión indebida de ser perfecto (vea 2 Co. 7:1; Ro. 7; Jud. 24).

+ **El Hombre Clave lucha con emociones.**

Si el Hombre Clave acepta el llamamiento de ser EMANUEL, un superhombre espiritual, entonces tiene que esconder sus emociones. Se espera que el pastor sea conchudo al ser criticado o maltratado, pero hipersensible a las heridas de otros. ¿Qué hará él con todas las emociones reprimidas? ¿No deben los ministros llorar o ser emocionales de vez en cuando (1 Co. 2:3)?

+ **El Hombre Clave lucha con profesionalismo.**

Ser profesional como un ministro no es algo negativo en sí. Debemos tratar de ser excelentes al escribir nuestras cartas, contestar las llamadas telefónicas, nuestra forma de vestir, nuestra apariencia, y nuestras responsabilidades al manejar la iglesia. Pero no dejemos de ser una persona real, un tipo de líder accesible. Si llegamos a ser demasiado profesionales, la gente no va a ser atraída hacia nosotros, sino todo lo contrario (vea 2 Co. 5:12).

+ **El Hombre Clave lucha con las limitaciones de su llamamiento.**

¿Cuáles son las limitaciones de nuestro llamamiento? ¿Cómo se camina dentro de cierta esfera? ¿Ya que el tiempo es tan limitado, cómo puedo saber si estoy tratando de hacer demasiado? ¡Una sola persona no puede hacerlo todo! (2 Co. 10:13-16). Yo recomiendo que todos los líderes traten de descubrir con exactitud sus talentos, aptitudes y dotación espiritual. Hay un examen que es aplicado por las autoridades del estado de California y es una herramienta que me ayudó mucho a descubrir mis áreas fuertes y mis debilidades.

+ **El Hombre Clave lucha con la realidad.**

En el mundo del ministerio, siempre tratamos con lo que *debiera* ser. Predicamos con fe todas las cosas que son posibles en Cristo Jesús. Cristo puede romper cada fortaleza del diablo en la vida de la gente. Dios responderá a nuestras oraciones, pues es nuestro Jehová-Jireh (proveedor). Sin dañar nuestra fe en Dios o la Biblia tenemos que vivir con oraciones que no tienen respuesta, personas que están luchando con hábitos malos y que parece no pueden conquistar, matrimonios que no funcionan y padres maravillosos cristianos pero con hijos que se han desviado del camino. La realidad es definida en el diccionario Webster como la actualidad o existencia de cualquier cosa, verdad o hecho, en distinción de la mera apariencia.

CAPÍTULO TRECE

+ **El Hombre Clave lucha con la confianza.**

    A veces el Hombre Clave lucha con falta de confianza y en otros tiempos con demasiada confianza. ¿Cuándo debe practicar la humildad y cuándo debe caminar en la confianza de fe (2 Co. 3:3-6)?

+ **El Hombre Clave lucha con el cansancio.**

    Nos sentimos culpables cuando estamos cansados. La carga continua del ministerio nos desgasta. Leemos acerca de Juan Wesley y otros que podían seguir a pesar de dormir poco, predicaban cuatro veces al día y escribían toda la noche. ¿Quién puede alcanzar esta medida (2 Co. 1:8; 7:5; 2:13; Jue. 8:4)?

+ **El Hombre Clave lucha con la tensión de su función.**

¡El hecho de penetrar la carnalidad y exhibir tibieza no es fácilmente aceptado!

Existe una tensión entre las funciones del pastor y el profeta. La función pastoral es consolar y cuidar. Durante las bodas, funerales y crisis familiares el pastor siempre es bienvenido y respetado. Sin embargo, cuando toma el manto de profeta para confrontar el pecado en la vida de la gente, inmediatamente hay un tremendo cambio de actitud hacia el Hombre Clave. En vez de respeto y cortesía puede encontrar crítica, amargura y hostilidad. Nadie parece criticar las funciones pastorales de bautizar o casar, pero al momento de exponer la carnalidad y exhibir tibieza, ¡él no es fácilmente recibido!

+ **El Hombre Clave lucha con el éxito genuino.**

Vivimos en la edad de una competencia fuerte entre atletas, políticos, y comerciantes. El ministro también es afectado por este síndrome de competencia. ¿Cuáles son las pruebas de un ministerio de éxito? Hoy, el movimiento de iglecrecimiento ha levantado una preocupación por números. "¿Cuántas personas tiene usted en su iglesia?" es una pregunta que frecuentemente es hecha por otros ministros, así como por la gente que está buscando una iglesia a dónde asistir. Esto en sí, pone una presión tremenda sobre el ministerio para ser más productivo. Bajo presión, los ministros pueden encontrar que su atención cambia a metas externas y aparentes en lugar de considerar el fruto interior en las vidas. Alcanzar más metas es tomado como ser más fructífero, pero aun así, fructificar es alcanzado por sumisión a la voluntad de Dios. ¿Es verdadera fertilidad o sólo logros humanos? Mantengamos a Cristo como el centro y trabajemos en la simplicidad del estilo de Cristo, como ministros que guían a otros a una experiencia con él.

+ **El Hombre Clave lucha contra el desánimo.**

El Hombre Clave siempre está tratando de animar a otros, pero ¿quién le anima a él cuando se acaban sus fuerzas? ¿Donde están Ur y Aarón (2 Co. 4:1, 8-10; 7:6; Ex. 17:1-5)?

El desánimo vendrá a veces a cada líder. Lea las Escrituras y usted encontrará líder tras líder que tuvo sus tiempos y sazones de desánimo. Jonás, Elías, Jeremías, David, Pedro, Pablo y Juan Marcos, dejaron el ministerio por un tiempo a causa del desánimo. A Guillermo Carey, el gran misionero a la India, se le hizo esta pregunta: ¿Cuál es el secreto de su éxito? Él respondió, "Estoy caminando paso a paso." Esto es la habilidad que nos ayuda a seguir adelante.

Él fue conocido como el hombre que no se rindió a ninguna presión u oposición. No importaba qué tan grande era el obstáculo, él esperaba grandes cosas e intentó grandes cosas por Dios. No permita que el desánimo le impida a intentar grandes cosas por Dios. Recuerde, el gran árbol de hoy es la pequeña semilla de ayer que se mantuvo en la tierra.

+ **El Hombre Clave lucha con juzgar a otros.**

Si alguien sale de nuestra iglesia podemos pensar que es porque no pueden aceptar el fluir de Dios en este lugar. Tenemos la tendencia a pensar, "Yo tengo la razón, ellos están equivocados." (2 Co. 5:16).

+ **El Hombre Clave lucha con oraciones sin respuestas.**

Me siento irritado al orar tanto y ver tan pocos resultados. A veces yo no entiendo el ministerio de oración. Por once años mi esposa fue estéril. Yo oraba, y oraba, y nada sucedía. Durante un culto en otra iglesia el Señor me mandó que orara por mujeres estériles en esa iglesia. Mi respuesta fue, "¡Seguramente, Señor, estás bromeando!" Finalmente hice un llamado al altar para aquellas que eran estériles y varias mujeres respondieron. Oré por cada una de ellas. Un año más tarde varias tenían sus bebés. Nosotros habíamos adoptado dos hermosas hijas, pero mi esposa ¡todavía era estéril! Cuando Sharon se embarazó muchos años después, yo no se lo creía, cuando me lo dijo.

A veces las oraciones sin respuesta llegan a ser oraciones con respuesta en el tiempo de Dios.

+ **El Hombre Clave lucha con la marcha inevitable del tiempo.**

El tiempo va marchando. Se nos acaba pronto y seguimos envejeciendo (vea Ec. 3:1-11). Cada persona tiene la misma cantidad de tiempo, 168 horas cada semana. Una de las medidas más significantes de la entrega espiritual de una persona es lo que hace con su tiempo libre. No debemos sentirnos culpables cuando usamos nuestro tiempo libre sabiamente en recreación, lectura de un libro o alguna diversión favorita. Pero los que malgastan el tiempo tienen que tratar con esta área severamente, o puede ser que esto arruine su potencial espiritual en Dios. El siguiente esquema es de R. Alec McKenzie, *The Time Trap (La Trampa del Tiempo)*, que coloca a los que malgastan el tiempo en cuatro grupos para los que son administradores de alto nivel.

Grupo A

- Objetivos no claros
- Información incompleta
- Decisiones pospuestas
- Negligencia
- Falta de Información
- Falta de comunicación
- Trabajo de rutina
- Demasiada lectura
- Interrupciones
- Teléfono
- Ninguna planeación de tiempo
- Reuniones (Juntas)
- Secretarias hermosas
- Falta de personal competente

- Falta de delegación
- Visitantes
- Entrenamiento de nuevos colaboradores
- Falta de prioridades
- Trabaja sólo en crisis

Grupo B

- Reuniones predeterminadas
- Reuniones no predeterminadas
- Falta de prioridades
- Fracaso en delegación
- Interrupciones
- Gente no disponible
- Correspondencia sin valor
- Falta de planeación
- Demandas de afuera (cívicas)
- Mal sistema de archivo
- Fatiga
- Negligencia
- Teléfono
- Cuestionarios
- Falta de procedimientos para asuntos de rutina

Grupo C

- Correspondencia sin valor
- Reuniones innecesarias
- Falta de concentración
- Falta de herramientas para manejar los asuntos
- Demanda de tiempo de los colegas
- Subordinados incompetentes
- Recesos
- Crisis administrativas

- Comunicaciones no comprensibles
- Negligencia
- Falta de ayudantes
- Mal estado físico
- Extrema Burocracia
- Proyectos favoritos
- Falta de prioridades

Grupo D

- Tratando de hacer demasiado a la vez
- Falta de delegación
- Hablar demasiado
- Acciones inconsistentes
- Falta de prioridades
- Alcance de control
- Autoridad usurpada
- No puede decir no
- Falta de planeación
- Decisiones del momento
- Negligencia
- Moral baja
- Errores
- Secretarias desorganizadas
- Mala comunicación
- Demasiado optimismo
- Responsabilidad sin autoridad

✦ **El Hombre Clave lucha con desilusiones.**

El Hombre Clave escucha muchas promesas vacías de entrega y relación, sólo para ser desilusionado vez tras vez. Duele ser pasado por alto en relación, así que es mucho más fácil evitar el riego del daño que viene cuando uno depende de otros. Pero el ministerio es un lugar de amor, confianza y de creer en la gente y en Dios.

- El Hombre Clave lucha con su propia falta de ser como Cristo.

Nos preguntamos, ¿Por qué no soy más como Cristo? ¡Esta es mi profesión! Leo la Biblia, oro más que la mayoría de la gente, pero aun así veo una gran falta de la imagen de Cristo en mí mismo.

EL CREDO DEL GANADOR

La gente es irrazonable, ilógica y egocéntrica–ÁMELA DE TODAS MANERAS.

Si hace el bien, la gente lo va a acusar de ser egoísta o de tener motivos personales–HAGA EL BIEN DE TODOS MODOS.

Si tiene éxito, ganará amigos falsos y enemigos verdaderos–TENGA ÉXITO DE TODAS MANERAS.

Honestidad y sinceridad lo hacen vulnerable–SEA HONESTO Y SINCERO DE TODOS MODOS.

El bien que hace hoy, será olvidado mañana–HAGA EL BIEN DE TODOS MODOS.

Las personas más grandes, con las ideas más grandes, pueden ser fusiladas por las personas acomplejadas con mentes limitadas–PIENSE EN GRANDE DE TODOS MODOS.

La gente favorece a los deprimidos pero sigue a los ganadores—PELEE POR ALGUNOS DEPRIMIDOS DE TODAS FORMAS.

Lo que EDIFICA por años, puede ser destruido de la noche a la mañana—EDIFIQUE DE TODOS MODOS.

Dé al mundo lo mejor que usted tiene y siempre será pateado en los dientes—DÉ AL MUNDO LO MEJOR QUE USTED TIENE DE TODAS MANERAS.

Cuando usted nació, lloró y el mundo se regocijó. Deje que el resto de su vida suceda de tal manera que cuando muera, el mundo llore y usted se regocije.

—Autor desconocido

CAPÍTULO CATORCE

LIBERANDO RECURSOS PARA LA VISIÓN

Puntos Sobresalientes

✦ Detenerse de predicar sobre finanzas es fallar en traer la visión a cumplimiento.

✦ El Pastor principal establece la actitud acerca de dar.

✦ La mentira de Satanás: Dios toma más de lo que da.

✦ Cuando el pueblo de Dios es enseñado a ordenar sus finanzas conforme a la Palabra de Dios, las bendiciones siguen.

El cumplimiento del sueño de cada iglesia local tiene tres partes: El hombre, la misión, y el dinero. Un diagrama simple tomado de la vida de Moisés ilustra este cordón de tres dobleces.

El Hombre

Éxodo 24:1-7

Recibe la Visión
Misión
Éxodo 24:9-18

La necesidad de
Dinero
Éxodo 25:1-9
Éxodo 35:4-9
Éxodo 25:20-26
Éxodo 25:3-7

Moisés es llamado a la cumbre del monte para recibir su misión. ¡Él debe bajar la montaña a la realidad de recursos necesarios!

Moisés fue el hombre a quien Dios llamó a la cumbre del monte para recibir la visión divina para el tabernáculo de adoración ordenado divinamente para su pueblo. Al traer la visión a realidad cosas tangibles fueron necesarias, como oro, plata, y piedras preciosas; o como lo diríamos hoy en día, dinero.

Cada Hombre Clave debe tratar exitosamente con el desafío que el dinero presenta. Algunos pastores tienen una visión mayor que sus finanzas. Algunos pastores tienen una fe grande por sueños espirituales y visiones pero batallan cuando llegan al punto de financiar la visión.

No predicar valerosamente sobre finanzas es fracasar en traer la visión a cumplimiento. Pablo estableció en Hechos 20:27 y 31 que él no se detenía de hablar atrevidamente el consejo completo de Dios. Fallar en declarar la revelación completa de finanzas a tu iglesia te robará de la bendición divina, y causará que te quedes corto en el cumplimiento de la visión de Dios. Debemos predicar sobre dar finanzas con fe y con un equilibrio doctrinal correcto.

Uno de cada siete versículos en el Nuevo Testamento habla de dinero. Un artículo de una reciente revista declara que la gente ocupa el 50% de su tiempo pensando en dinero, como conseguirlo, gastarlo, y usarlo. Nosotros cómo líderes debemos proveer una perspectiva bíblica del dinero a quienes somos responsables. Cada persona tiene una responsabilidad financiera delante de Dios y delante de la iglesia local, para cumplir la visión ordenada por Dios.

> **Sin dinero la visión se quedará en la mesa de planeación incumplida e inútil.**

El Hombre Clave establecerá la actitud acerca del dar en la iglesia. Si el pastor y el equipo de liderazgo muestran una actitud gozosa, liberal y llena de fe acerca del dar, entonces la iglesia lo hará también.

Hay quienes reparten y les es añadido más; y hay quienes retienen más de lo que es justo, pero vienen a pobreza (Pr. 11:24).

Satanás es un mentiroso vociferante. Él trata de poner una trampa de culpabilidad sobre los pastores con respecto al dinero; trata de cuestionar los motivos y condenar a los líderes. Seguramente hay líderes que usan mal el dinero y a la gente de quien obtienen ese dinero. Dios será el juez de los corazones y ministerios de los hombres.

La mayoría de los líderes no usan mal ni a la gente ni al dinero, pero al diablo le gustaría mantener a los ancianos en un lugar de temor y duda para que la visión permanezca sobre la mesa de planeación inconclusa y sin provecho. Como siervos de Dios, nosotros debemos exponer públicamente las mentiras vociferantes de Satanás. Su mentira es que Dios tomará más de lo que él está dispuesto a dar. Dios no es uno que está pellizcando miserablemente cada centavo. Él es Señor sobre toda la prosperidad del universo. Él es el Señor de la abundancia. Él no está en el negocio de despojar, sino en el negocio de bendecir.

Dios quiere confiar a sus líderes la prosperidad y abundancia. Como líderes justos con integridad, no nos denigramos usando la coerción, manipulación o imposición sobre el pueblo de Dios. Queremos estimular y motivar al pueblo de Dios, pero debemos hacerlo a la manera divina. Debemos levantar la Palabra de Dios como la manera correcta de pensar acerca del dinero.

Honra a Jehová con tus bienes, y con las primicias de todos tus frutos; y serán llenos tus graneros con abundancia, y tus lagares rebosarán de mosto (Pr. 3:9,10).

Dad, y se os dará; medida buena, apretada, remecida y rebosando darán en vuestro regazo; porque con la misma medida con que medís, os volverán a medir (Lc. 6:38).

Sino acuérdate de Jehová tu Dios, porque él te da el poder para hacer las riquezas, a fin de confirmar su pacto que juró a tus padres, como en este día (Dt. 8:18).

Y vendrán sobre ti todas estas bendiciones; y te alcanzarán, si oyeres la voz de Jehová tu Dios (Dt. 28:2).

Así ha dicho Jehová, Redentor tuyo, el Santo de Israel: Yo soy Jehová Dios tuyo, que te enseña provechosamente, que te encamina por el camino que debes seguir (Is. 48:17).

El Hombre Clave de la iglesia debe advertir al pueblo con respecto al mal uso o abuso del dinero.

No confiéis en la violencia, ni en la rapiña; no os envanezcáis; si se aumentan las riquezas, no pongáis el corazón en ellas (Sal. 62:10).

Porque los que quieren enriquecerse caen en tentación y lazo, y en muchas codicias necias y dañosas, que hunden a los hombres en destrucción y perdición; porque raíz de todos los males es el amor al dinero, el cual codiciando algunos, se extraviaron de la fe, y fueron traspasados de muchos dolores (1 Ti. 6:9-10).

Billy Graham en una ocasión dijo, "Si un hombre logra corregir su actitud hacia el dinero, esto le ayudará fuertemente a corregir casi cada otra área de su vida."

Como líderes debemos enseñar al pueblo de Dios a abandonar ambiciones egoístas de alcanzar prosperidad y riqueza. La gente debe desarrollar una filosofía del Reino, una perspectiva del mundo considerada desde el punto de vista del Reino. Uno que amontona tesoros para sí mismo no es rico conforme a Dios (Lc. 12:15-20).

El joven rico se retiró del discipulado porque Jesús habría asumido señorío sobre sus finanzas.

La meta obvia e innegable de muchos cristianos norteamericanos es asegurar prosperidad para que el retiro se convierta en una felicidad. No hay nada equivocado con planear financieramente el futuro, pero debemos asegurarnos de que el Reino de Dios reciba abundantemente de nuestra mano ahora. Cuando el pueblo del Señor es enseñado a ordenar sus vidas financieras de acuerdo a la Palabra de Dios, las bendiciones siguen. Debemos aprender a confiar en la habilidad de Dios de suplir abundantemente todas nuestras necesidades materiales. Como un líder, debo tener confianza en la Palabra de Dios y ser atrevido en fe para proclamarla. Puedo así enseñar a la gente a dar en fe y poner todo lo que tienen, a su disposición.

Jesús es el Señor sobre nuestras finanzas. Reconocer a Jesús como salvador es entregarnos basados en la gracia, o en lo que él puede hacer por nosotros. Reconocerle como Señor, es una entrega basada en obediencia, o en lo que nosotros podemos hacer por él (Mt. 19:16-22; Lc. 6:46).

El dinero es algo que Dios nos confía y debe ser manejado y cuidado de acuerdo a los principios bíblicos.

El joven rico se retiró del discipulado a causa de que Jesús habría asumido señorío sobre sus finanzas. Cualquier concepto que enseñamos con respecto al señorío de Cristo que ignora o esconde el derecho del Señor al control total de las posesiones materiales de su pueblo, es superficial e inadecuado. El dinero es algo que Dios nos confía y debe ser manejado y cuidado de acuerdo a los principios escriturales.

Dios está buscando a hombres y mujeres que obedezcan sus principios financieros, y demuestren al mundo incrédulo escéptico que él vive y que él es galardonador de los que le buscan con diligencia.

El diezmo es el fundamento de las bendiciones financieras en la vida del creyente y en la iglesia local. El dar debe comenzar con el diezmo, y el Hombre Clave debe enseñar a la iglesia el principio de diezmar.

✦ **El diezmo es el primero de nuestros compromisos y el primer paso en nuestro crecimiento.**

Y ahora, he aquí he traído las primicias del fruto de la tierra que me diste, oh Jehová. Y lo dejarás delante de Jehová tu Dios, y adorarás delante de Jehová tu Dios. Cuando acabes de diezmar todo el diezmo de tus frutos en el año tercero, el año del diezmo, darás también al levita, al extranjero, al huérfano y a la viuda; y comerán en tus aldeas y se saciarán (Dt. 26:10,12).

(Vea también Pr. 3:9-10.)

✦ **El diezmo reconoce que lo que tenemos ha venido como una muestra de la bondad divina.**

Cuídate de no olvidarte de Jehová tu Dios, para cumplir sus mandamientos, sus decretos y sus estatutos que yo te ordeno hoy. Sino acuérdate de Jehová tu Dios, porque él te da el poder para hacer las riquezas, a fin de confirmar su pacto que juró a tus padres, como en este día (Dt. 8:11, 18).

(Vea también Dt. 26:10.)

+ **El diezmo es para darse en una actitud de adoración.**

Entonces María tomó una libra de perfume de nardo puro, de mucho precio, y ungió los pies de Jesús, y los enjugó con sus cabellos; y la casa se llenó del olor del perfume (Jn.12:3).

(Vea también 2 Co. 9:7; Dt. 26:12.)

+ **El diezmo debe ser dado de nuestros ingresos.**

Cuando acabes de diezmar todo el diezmo de tus frutos en el año tercero, el año del diezmo, darás también al levita, al extranjero, al huérfano y a la viuda; y comerán en tus aldeas, y se saciarán (Dt. 26:12).

+ **El diezmo es la porción sagrada que apartamos como del Señor. Es santo.**

Y dirás delante de Jehová tu Dios: He sacado lo consagrado de mi casa, y también lo he dado al levita, al extranjero, al huérfano y a la viuda, conforme a todo lo que me has mandado; no he transgredido tus mandamientos, ni me he olvidado de ellos (Dt. 26:13).

(Vea también Lv. 27:26-33.)

CAPÍTULO CATORCE

+ **El diezmo no debe ser usado para necesidades personales.**

    No he comido de ello en mi luto, ni he gastado de ello estando yo inmundo, ni de ello he ofrecido a los muertos; he obedecido a la voz de Jehová mi Dios, he hecho conforme a todo lo que me has mandado (Dt. 26:14).

    (Vea también Lv. 27:30.)

+ **El diezmo debe ser dado como un acto de obediencia espiritual**

    No he comido de ello... he obedecido a la voz de Jehová mi Dios, he hecho conforme a todo lo que me has mandado (Dt. 26:14).

+ **El diezmo es la base para recibir las bendiciones y maldiciones del pacto divino.**

    Mira desde tu morada santa, desde el cielo, y bendice a tu pueblo Israel, y a la tierra que nos has dado, como juraste a nuestros padres, tierra que fluye leche y miel. A fin de exaltarte sobre todas las naciones que hizo, para loor y fama y gloria, y para que seas un pueblo santo a Jehová tu Dios, como él ha dicho (Dt. 26:15, 19).

    (Vea también Mal. 3:8.)

+ **El diezmo es la provisión para liberar ministerios en la iglesia local.**

    Encontré asimismo que las porciones para los levitas no les habían sido dadas, y que los levitas y cantores que hacían el servicio habían huido cada uno a su heredad. Entonces reprendí a los oficiales, y dije: ¿Por qué está la casa de Dios abandonada? Y los reuní y los puse en sus puestos. Y todo Judá trajo el diezmo del grano, del vino y del aceite, a los almacenes (Neh. 13:10-12).

(Vea también 1 Co. 9:9 y Hch. 28:10.)

✦ **Las bendiciones del diezmo se hallan en el Nuevo Testamento así como en el Antiguo.**

¡Ay de vosotros, escribas y fariseos hipócritas! Porque diezmáis la menta y el eneldo y el comino, y dejáis lo más importante de la ley: la justicia, la misericordia y la fe. Esto era necesario hacer, sin dejar de hacer aquello (Mt. 23:23).

Hay quienes reparten, y les es añadido más; y hay quienes retienen más de lo que es justo, pero vienen a pobreza. El alma generosa será prosperada; y el que saciare, él también será saciado. Al que acapara el grano, el pueblo lo maldecirá; pero bendición será sobre la cabeza del que lo vende (Pr. 11:24-26).

(Vea también Mt. 6:1 y 1 Co. 16:1, 2.)

Juntos, los diezmos y ofrendas forman un programa balanceado de dar. En nuestra iglesia, vigilamos que todos nuestros miembros, el 100% de ellos, diezmen. Luego, para llevar adelante el plan de Dios para nuestra iglesia, el cuerpo de ancianos establece un presupuesto sabio.

CAPÍTULO QUINCE

LA TENTACIÓN MINISTERIAL Y EL HOMBRE CLAVE

Puntos Sobresalientes

✦ El Hombre Clave puede ser excelente en su mensaje, pero puede traer reproche a Cristo y a su iglesia por su conducta y métodos.

✦ El Hombre Clave tiene que estar continuamente en guardia contra sequedad o podredumbre espiritual.

✦ Las tentaciones de decadencia espiritual son numerosas y sutiles.

Para promover el lado más alto del ministerio, el siervo de Dios tiene que comenzar consigo mismo. Platón una vez dijo, "Una vida no examinada no es digna de vivir." Líderes, especialmente el Hombre Clave, tienen que examinar continuamente sus vidas delante de Dios y su palabra.

Por tanto, mirad por vosotros, y por todo el rebaño en que el Espíritu Santo os ha puesto por obispos, para apacentar la iglesia del Señor, la cual él ganó por su propia sangre (Hch. 20:28).

(Vea también 1 Co. 9:26-27; Hch. 26:16.)

Las tentaciones de decadencia espiritual son numerosas y sutiles.

Juntamente con su mensaje y métodos, el mensajero en sí es importante. El Hombre Clave puede traer un mensaje excelente pero ser un reproche sobre Cristo y su iglesia con su conducta y métodos.

El Hombre Clave tiene que estar constantemente en guardia contra sequedad o podredumbre espiritual. Podredumbre es una enfermedad que destruye las fibras en la madera, eventualmente reduciendo la madera y los árboles enteros a un montón de polvo seco.

Sin la sazón espiritual o la preservación del Espíritu Santo, el siervo de Dios está en peligro de decadencia espiritual. No siempre se nota. Podredumbre espiritual puede suceder en cada nivel de la vida y ministerio del líder. Las tentaciones hacia decadencia espiritual son numerosas y sutiles y debemos estar continuamente en guardia.

Cuanto más tiempo esté uno en el ministerio, más receptivo llega a ser a ciertas tentaciones escondidas.

Gregorio el Grande una vez dijo, "A quien es requerido, por causa de su posición, hablar de cosas sublimes, es forzado, por la misma causa, a ser ejemplo en estas cosas." Somos llamados con un alto llamamiento, pero aun así, nos paramos en un lugar peligroso.

Martín Lutero dijo, "La oración, meditación y tentación hacen al ministro." Cuanto más tiempo esté uno en el ministerio, más receptivo llega a ser a ciertas tentaciones escondidas. Consideremos unas pocas que todos los Hombres Claves, como líderes, van a encontrar tarde o temprano.

1. La tentación de llegar a ser un administrador de cosas, más que servir a la gente en amor y llamamiento.

2. La tentación de llegar a ser mecánico como un robot, con las cosas de Dios, llegando a ser un ministro profesional y estando más interesado en la letra de teología correcta que en ministrar a la gente.

3. La tentación de descansar en su propia madurez espiritual, pensando que el liderazgo es igual que madurez. Es posible ser cegado por nuestros propios méritos y afanes ministeriales.

4. La tentación de buscar seguridad material como la base de nuestro gozo y felicidad.

5. La tentación de llegar a ser endurecido y no confiar en la gente a causa de desilusiones y desengaño. Toda Asia se

volvió contra Pablo, pero aun así, él terminó su ultima epístola con una declaración de amor y confianza en la gente.

6. La tentación de encontrar satisfacción en el fracaso de otro líder. Esto usualmente es motivado por celos impíos. El celo amplifica nuestra naturaleza humana y suelta un infierno en el interior.

7. La tentación de medir el éxito ministerial por números, edificios y presupuestos, en vez de la calidad espiritual y madurez de la gente.

8. La tentación de reaccionar contra una nueva verdad a causa de quién proclama esta verdad.

9. La tentación de excusar pequeños pecados, hábitos y fallas a causa de nuestras presiones y estilo de vida de sacrificio.

10. La tentación de usar a la gente para ganancia personal, estatura ministerial o el cumplimiento de su agenda o meta personal.

11. La tentación de funcionar en el ministerio mediante hábitos aprendidos y principios legales, en vez de vivir la vida que viene sólo al morar en Cristo. En nuestras vidas cotidianas y apuradas, estamos en peligro de perder nuestras almas y el secreto conocido por Pablo (Fil. 1:21).

Hay un altar en los hombres, un lugar profundo de majestad, donde el alma transciende con su Dios y la vida es limpiada y llena con una flama no de esta tierra. Es un altar que hace al hombre.

– E. M. Bounds

12. La tentación de permitir que las cosas de Dios lleguen a ser tan familiares que comenzamos a ser presuntuosos en las cosas sagradas (vea 1 S. 3:12-14).

13. La tentación de reemplazar lo precioso con algo que es inferior, para encontrar un sustituto menos costoso. En 1 Reyes 14:26 los líderes quitaron los escudos de oro y los reemplazaron con escudos de bronce. En comparación con el oro, el bronce es barato. Una mirada casual posiblemente pudiera dar la misma apariencia, pero la sustancia ha sido cambiada. El bronce puede ser de utilidad para algunos, pero es una señal de menor valor, rebajando lo ideal y lo más alto a un sustituto barato en lugar de lo mejor.

Estoy seguro que todos nos identificamos con muchas de estas tentaciones tanto de conocimiento como de experiencia. El ministerio no fue diseñado para proveernos un lugar seguro o una vida confortable. Es una comunión con su sufrimiento en la cruz, al cual somos llamados. Estas tentaciones pueden ser vencidas con éxito al morar en el Cristo viviente y al comer la Palabra del Dios viviente. No pierda el ánimo si ya se ha rendido a alguna de estas tentaciones en el pasado. Ahora es un nuevo día, un día de victoria.

Lo que está atrás de nosotros y lo que está delante de nosotros son pequeños asuntos en comparación con lo que está dentro de nosotros.

– Oliver Wendell Holmes

CAPÍTULO DIECISÉIS

LOS PRINCIPIOS Y EL HOMBRE CLAVE

Puntos Sobresalientes

- Los principios sostienen la iglesia; las emociones no lo pueden hacer.

- Los principios nunca cambian como los estilos y las modas.

- El Hombre Clave que es débil en principios bíblicos llega a ser presa de modas y estilos.

- La estabilidad de la iglesia será determinada por la habilidad del Hombre Clave de establecer principios fuertes.

La iglesia que Cristo está edificando va a permanecer contra los ataques del enemigo. Los vientos, las lluvias e inundaciones no moverán a la iglesia verdadera de su fundamento sobre la roca sólida. La casa edificada sobre un fundamento correcto en Mateo 7:24-27 puede representar una iglesia edificada sobre principios correctos. Los principios sostienen a la iglesia cuando las emociones o cosas excitantes no pueden.

Cada iglesia quiere ser excitante y permanecer en ese estado, pero la vida no sostiene este ideal. Cada iglesia tiene sus tiempos arriba y tiempos abajo, tiempos de avivamiento y tiempos de sequedad.

Cuando un Hombre Clave edifica la iglesia sobre los principios, las estaciones no impedirán su progreso. La gente con principios obedece la Palabra de Dios escrita con o sin emociones excitantes. El Hombre Clave que quiere estar a la vanguardia podría usar tácticas emocionales para mantener a la gente involucrada. Pero cuando sus emociones han disminuido y la nube de ánimo se ha levantado, los principios garantizan longevidad. La palabra principio viene de la palabra príncipe o primero, líder. Puede significar preceptos, métodos respetados de operación o dirección que forman una organización. Un principio es la fuerza guiadora, una ley comprensiva y fundamental, doctrina o asunción.

Los métodos cambian de una generación a otra, pero los principios nunca cambian.

Una moda es el estilo presente o preferencia—algo temporal. Nunca podemos edificar sobre los deseos temporales y pasajeros de la naturaleza humana. Los estilos y las modas cambian constantemente con la cultura. Los principios, sin embargo, nunca cambian. Los principios son edificados sobre la palabra incambiable e inmutable de Dios. Los métodos cambian de tiempo en tiempo y de una generación a otra; pero los principios nunca varían. Un método, técnica o proceso de hacer algo cambiará del estilo de un líder a otro, pero los principios usados siempre deben permanecer iguales.

Los principios eternos de Dios:

✦ Son basados sobre los valores eternos que son evidentes en la Palabra de Dios.

✦ Son una extensión del carácter de Dios aplicado a cualquier circunstancia en cualquier tiempo.

✦ Son derivados de la historia bíblica y teología básica presentados tanto en el antiguo, como en el nuevo testamento.

✦ Son usualmente obvios dentro de ciertos modelos bíblicos tales como el tabernáculo de Moisés, el sacerdocio levítico, la conquista de Canaan, el discipulado de los doce, etc.

✦ Tienen que llegar a ser convicciones. Estas convicciones tienen que conquistarnos y llegar a ser nuestro sistema de valores para vivir.

Tenemos que discernir la diferencia entre principios y métodos. Un principio es una extensión de la verdad bíblica. La verdad nunca cambia. Un método es una extensión de personalidad, estilo, cultura, o genes espirituales. Un método es la manera de aplicar la verdad, pero no es la verdad. En seguida presento una ilustración de la diferencia.

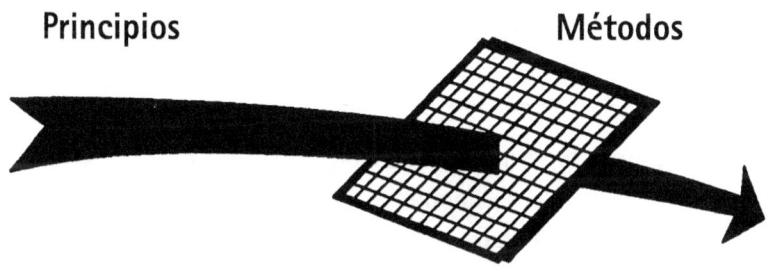

Cuando los principios pasan a través del filtro de metodología, es posible que sean debilitados, fortalecidos, oscurecidos, cambiados o aun olvidados. Debemos mantener la integridad de la verdad, pero al mismo tiempo, tenemos que usar los métodos que son eficaces y fáciles de abarcar culturalmente. Al mismo tiempo debemos tener cuidado de no ceder ninguna verdad en nombre de la relevancia, llegando a estar tan interesados en comunicar a nuestra cultura presente, que terminamos por hacer un evangelio de comunicación o relevancia.

El Hombre Clave tiene que evaluarse y examinarse a sí mismo continuamente, para asegurarse de que no está comprometiendo principios piadosos a causa de una pasión, éxito, o crecimiento rápido.

Los métodos pueden llegar a ser como una mujer estéril, nunca satisfecha. Mucho cuidado al tratar de hacer los métodos siempre mejores, más atractivos, más tolerables a la cultura humanista, egocéntrica y legalista.

CAPÍTULO DIECISÉIS

Una iglesia que carece de un fundamento sólido de principios básicos no tiene una manera segura de evaluar las modas espirituales.

El Hombre Clave que es débil en principios bíblicos va a llegar a ser presa de las modas y estilos espirituales. La verdad es buscada y aplicada sobre muchos niveles conforme al nivel de madurez de la iglesia. Por lo tanto, lo que pudiera ser sólo una moda para uno, podría ser la verdad para otro. Una iglesia que carece de un fundamento sólido de principios básicos, no tiene una manera segura de evaluar modas espirituales y muchos otros problemas.

El Hombre Clave es responsable de edificar sobre los principios bíblicos, sólidos como la roca, que han sido probados y acreditados por la Palabra de Dios. El Hombre Clave debe continuamente hacerse estas preguntas:

+ ¿ Estoy respondiendo a una verdad o a una moda?

+ ¿ Estoy respondiendo a personalidad o a convicciones personales?

+ ¿ Estoy respondiendo por razones espirituales o razones egoístas?

+ ¿ Estoy respondiendo con precaución o apresuradamente ?

(Vea Sal 85:11; 86:11; 117:2; Pr.23:23; 25:8; 14:29; 29:20)

El Hombre Clave es la persona en el timón. A donde quiera que él gira la rueda, toda la iglesia va. El Hombre Clave es responsable de asegurarse que esté en el camino recto bíblico, antes de encender su motor e ir adelante a toda velocidad, cuando posiblemente enfrente, ¡haya un precipicio!

El liderazgo que edifica sobre principios en vez de hacerlo en tácticas emocionales, personalidad, o moda es una especie en peligro de extinción.

Tres ingredientes mueven a la iglesia hacia adelante: Doctrinas bíblicas básicas, principios bíblicos y métodos. Imagínense una rueda, con un centro, rayos y el rin.

El centro representa las doctrinas teológicas básicas incambiables de la Biblia, que llegan a ser el fundamento para las declaraciones de misión, propósitos, visión, y destino de la iglesia, y sobre las cuales todas las estrategias son edificadas.

Los rayos representan los principios incambiables que llegan a ser las expresiones de verdad en declaraciones de principios, preceptos, conceptos y filosofía.

El rin representa los estilos cambiables, procedimientos, e ideas para aplicar y comunicar la verdad a los tiempos y culturas presentes. Representa los métodos por los cuales la verdad es aplicada.

CAPÍTULO DIECISÉIS

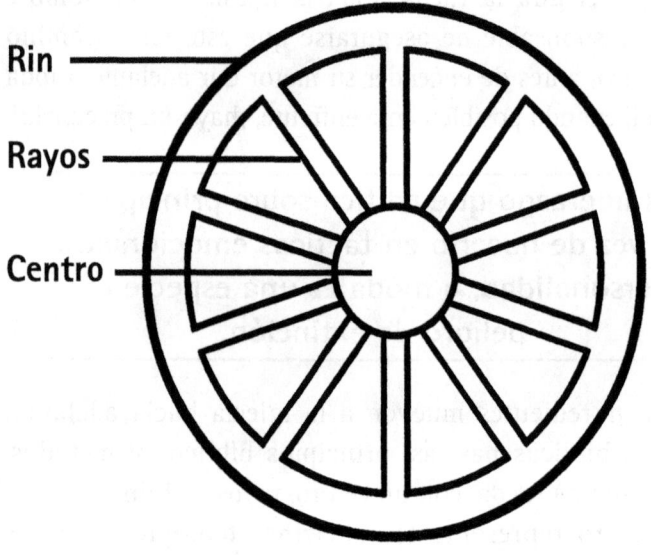

Rin

Rayos

Centro

El Hombre Clave es responsable de entender la doctrina básica de la Palabra de Dios. Si la teología es descuidada, será imposible establecer principios fuertes. La estabilidad de la iglesia local será determinada por la habilidad del Hombre Clave al establecer principios fuertes y sostenerlos en tiempos de modas cambiantes.

El liderazgo que edifica sobre principios, en vez de hacerlo en tácticas emocionales, personalidad o moda, es en verdad una especie en peligro de extinción. Cada Hombre Clave necesita desarrollar su posición teológica, un énfasis que cubre todo lo que es hablado o no hablado, pero es una fuerza invisible que forma todo lo que él hace. En seguida presento quince principios necesarios para edificar iglesias duraderas:

1. El Centro Dinámico

Aproxímese a cada consideración de esta manera: Trabaje del entero a la parte, y de la parte vuelva al entero. Recuerde que la iglesia corporal existe, para expresar la vida de Dios en la comunidad, así como para soltar y beneficiar a cada creyente individual. Recuerde que cada creyente existe tanto para expresar la vida de Dios, como para beneficiar a toda la iglesia.

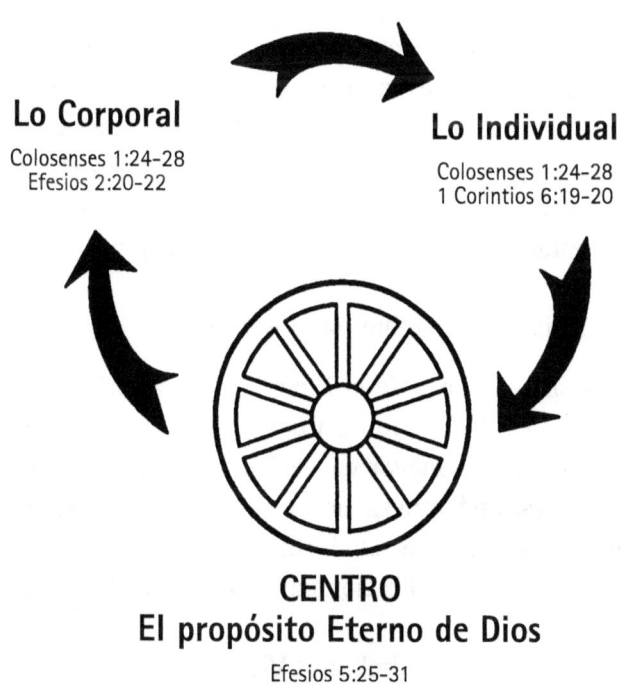

Lo Corporal
Colosenses 1:24-28
Efesios 2:20-22

Lo Individual
Colosenses 1:24-28
1 Corintios 6:19-20

CENTRO
El propósito Eterno de Dios
Efesios 5:25-31
1 Corintios 12:12-30
Efesios 4:12-16
Mateo 16:16-18

2. Lo Objetivo Domina lo Subjetivo

La subjetividad sin la verdad bíblica es peligrosa porque sus raíces pueden estar en nosotros mismos, nuestras experiencias, sentimientos, dotaciones o tendencias espirituales. La subjetividad puede ser confundida con sentimientos proféticos o voces internas, cuando en realidad simplemente es una opinión, punto de vista, un deseo fuerte. Tenemos que permitir que la Palabra de Dios tenga preeminencia en todas las cosas. No podemos permitir que pensamientos o ideas subjetivas prevalezcan.

3. Lo Claro Interpreta lo Obscuro

La Biblia tiene un mensaje sencillo, recto y redentor. Cuando este mensaje es confundido por un maestro o predicador que usa tipos obscuros, sombras o metáforas para establecer un plan de Dios obscuro, está violando el modelo de Cristo. Cristo predicó un mensaje claro, de pasajes bíblicos claros, al establecer su misión, visión y estrategia.

4. El Énfasis Mayor Gobierna al Menor

Los énfasis mayores de la Escritura son fácilmente encontrados a través de la Biblia. Cuando un líder comienza a apartarse del énfasis mayor de verdad para enfocarse en verdades menores, está arriesgando el equilibrio y posiblemente naufrague espiritualmente. La doctrina de los apóstoles debe ser el fundamento de la predicación pastoral y de la iglesia local.

5. Los Puntos Básicos Probados Vienen Antes que las Ideas de Éxito No Probadas.

La mayoría de los líderes agresivos desean ser innovadores y estar a la vanguardia. Consecuentemente la disponibilidad a tomar riesgos y explorar nuevas verdades y nuevos métodos puede llegar a ser una trampa para este tipo de líder.

> **Es mejor edificar lentamente con principios probados de la Palabra de Dios, que arriesgar todo en el nombre de innovación.**

Todas las ideas de éxito no probadas deben ser consideradas con mucha precaución. Es mejor edificar lentamente con los principios probados de la Palabra de Dios y los patrones usados por la Iglesia que arriesgarlo todo en el nombre de innovación. Necesitamos entregarnos a los preceptos teológicos de Dios no negociables:

- La gloria de Dios es el fin principal de todos los hombres y mujeres.

- La predicación del evangelio es la predicación del Reino.

- Las Escrituras son la única autoridad normativa de los creyentes.

- El pecado, la salvación y la muerte eterna son realidades escatológicas.

- Dios desea que todos sean salvos del pecado y de la muerte eterna.

- Dios es el gobernador supremo sobre su Iglesia y sus siervos. Todo se debe hacer en sumisión a él.

6. El Principio de la Cruz

La cruz es el filtro hermenéutico por el cual todas las verdades, desde Génesis hasta Apocalipsis, tienen que pasar. Si usted no puede pasar su verdad por la cruz entonces tiene que soltarla. Lo que la cruz cancela o cumple tiene que ser manejado de la misma manera.

Por tanto, nosotros también, teniendo en derredor nuestro tan grande nube de testigos, despojémonos de todo peso y del pecado que nos asedia, y corramos con paciencia la carrera que tenemos por delante, puestos los ojos en Jesús, el autor y consumador de la fe, el cual por el gozo puesto delante de él sufrió la cruz, menospreciando el oprobio, y se sentó a la diestra del trono de Dios (He. 12:1-2).

Y estando en la condición de hombre, se humilló a sí mismo, haciéndose obediente hasta la muerte, y muerte de cruz (Fil. 2:8).

Toda la Biblia mira hacia y desde la cruz, teniendo en mente la victoria final.

Y por medio de él reconciliar consigo todas las cosas, así las que están en la tierra como las que están en los cielos, haciendo la paz mediante la sangre de su cruz. Y a vosotros también, que erais en otro tiempo extraños y enemigos en vuestra mente, haciendo malas obras, ahora os ha reconciliado en su cuerpo de carne, por medio de la muerte, para presentaros santos y sin mancha e irreprensibles delante de él (Col. 1:20-22).

El teólogo francés, Calvino, una vez dijo, "Porque en la cruz de Cristo, como en un teatro espléndido, la benevolencia y bondad incomparables de Dios son mostrados delante de todo el mundo. La gloria de Dios brilla en verdad sobre todas las criaturas arriba y abajo pero nunca más brillante que en la cruz." Toda la Biblia mira hacia y desde la cruz con una victoria final en mente. Podríamos soportar nuestras cruces más gozosamente, si pudiéramos percibir correctamente la corona que nos espera.

Por lo demás, me está guardada la corona de justicia, la cual me dará el Señor, juez justo, en aquel día; y no sólo a mí, sino también a todos los que aman su venida (2 Ti. 4:8).

La Biblia deriva su significado pleno de la cruz. Dejar fuera la cruz, sería como quitar el sol del cielo o el corazón del sistema circulatorio del cuerpo. Entender la cruz y todas sus ramificaciones redentoras, es entender el cristianismo real y auténtico.

Cualquier líder que viola el mensaje claro de la cruz, viola no solamente una parte sino el todo. Mientras edificamos la Iglesia de Cristo, mantengamos la cruz como centro. El Conde Zinzandorf debió mucho de su fervor espiritual a un cuadro de la crucifixión cuya inscripción sencilla al calce decía, "Todo esto por ti. ¿Cuánto por mí?"

La cruz de Cristo es la llave que abre verdaderas bendiciones espirituales para la iglesia. El mensaje de la cruz tiene que ser enseñado amorosa, continua, y apasionadamente. La cruz de Cristo es el manantial de la fuente de vida. Este es el mensaje de esperanza para todas las naciones.

La vida de resurrección de Dios solamente podría ser soltada en la muerte de Cristo en la cruz. ¡Rendir la vida abre una nueva manera de vivir, vida en lo sobrenatural! El mensaje de la cruz nos ayuda a establecer una perspectiva para una vida donde el yo, con todos sus derechos y demandas, verdaderamente está colgado en la cruz y el Señor Jesús es el centro de la existencia.

Pero lejos esté de mí gloriarme, sino en la cruz de nuestro Señor Jesucristo, por quien el mundo me es crucificado a mí, y yo al mundo (Gá. 6:14).

De cierto, de cierto os digo, que si el grano de trigo no cae en la tierra y muere, queda solo; pero si muere, lleva mucho fruto (Jn. 12:24).

7. El Principio de Equipo

Cuando entendamos la naturaleza, el plan y propósito de Dios, veremos más claramente el principio del equipo. Dios es trino. El padre trabaja con el Hijo, el hijo con el Espíritu Santo, el Espíritu Santo con la Palabra de Dios. Jesús trabajó con los doce, y los doce trabajaron con los setenta.

Trabajar como un equipo es trabajar con la bendición y la sabiduría de Dios.

El principio del equipo es visto a través del canon completo de las Escrituras. En cualquier tiempo que violamos este principio, estamos violando un principio de la Palabra de Dios. Al orgullo le gustaría elevar a una persona sobre otra, pero el Reino de Dios es establecido sobre la humildad, honrando los unos a los otros. Trabajar como un equipo es trabajar con la bendición y sabiduría de Dios.

8. El Mandato de la Visión Bíblica

La visión del pastor local y el equipo de liderazgo tiene que comprender el alcance del plan y propósito de Dios. Una visión bíblica clara debe contener por lo menos cuatro elementos:

+ El Reino de Dios es la misión. El objetivo de Cristo fue nada menos que el gobierno absoluto eterno de Dios en los cielos, en la tierra, en el corazón humano y en la iglesia. Los cristianos maduros deben introducir el dominio de Cristo en el hogar, en el lugar de trabajo, en el aula de clase y en todas las facetas de negocios. Cuando la gente capta la visión del Reino, ellos llegarán a estar emocionados, pensando, "¡Estamos llevando el Reino de Cristo al mundo!" La visión produce fe en el Reino, y personas que tienen una mentalidad del Reino.

+ La cruz y resurrección de Cristo son la fuente de la visión del Reino, porque a través de ellos vienen muchos de los recursos sobrenaturales necesarios para cumplir la visión de Dios.

+ La Iglesia es el vehículo para establecer el Reino. La Iglesia existe para cumplir la voluntad de Dios; su misión es promover el Reino de Dios. Cuando pastores y líderes captan una mentalidad del Reino, motivarán a la gente al servicio y sacrificio.

+ La segunda venida es el motivo que mantiene segura la visión. La verdad de la venida de Cristo trae en sí, la posibilidad de galardones y la realidad de contabilidad.

Otras áreas tales como autoridad, santidad, el Espíritu Santo, entrega y servicio, la presencia de Dios, y unidad de liderazgo también son principios de la Palabra de Dios. El Hombre Clave sabio escudriñará los principios de Dios en todas estas áreas, para poner un fundamento sólido para la iglesia.

CAPÍTULO DIECISIETE

LA ORACIÓN Y EL HOMBRE CLAVE

Puntos Sobresalientes

- Un movimiento de Dios se prolongará tanto como el espíritu de oración que lo inspiró.
- Sólo oración puede cambiar una iglesia estancada en una iglesia con celo y fuego.
- Un tiempo de oración antes de la reunión ayuda a la iglesia a limpiar sus oídos espirituales para oír la Palabra de Dios.
- La oración corporal prepara al pueblo para entrar en adoración.
- La oración debe afectar la vida corporal así también como la vida devocional de cada creyente y de la iglesia.

Todos los líderes deben decidir a dónde han de mirar para obtener su fortaleza, sus ideas, y su razón de vivir. La vida de oración de los líderes promoverá un espíritu de oración en la iglesia. Yongi Cho, el pastor de la iglesia más grande del mundo en Seúl, Corea, declara el siguiente problema. "Los americanos darán su dinero, entonarán cantos, edificarán construcciones y predicarán, pero no están dispuestos a orar."[7] Juan Wesley dijo, "Dios no hará nada en la tierra exceptuando responder a la oración del creyente."

Orando en todo tiempo con toda oración y súplica en el Espíritu, y velando en ello con toda perseverancia y súplica por todos los santos (Ef. 6:18).

En el libro de Jack Hayford, *Prayer–Invading The Impossible (La Oración - Invadiendo lo Imposible)*[8], se define la oración poderosa. Él dice, "La oración es esencialmente una sociedad del hijo redimido de Dios trabajando duro con Dios hacia la realización de sus propósitos redentores en la tierra.

El principio de oración es absolutamente esencial para moverse en el propósito redentor de Dios. La oración de los santos, las iglesias orando, y los líderes en oración son los agentes divinos para llevar adelante su obra salvadora y providencial en la tierra. Si esos agentes son negligentes en la disciplina de la oración, entonces la obra de Dios fallará. La oración de los líderes y las iglesias en oración son una señal de vida y de prosperidad espiritual.

Un movimiento de Dios durará tanto como el espíritu de oración que lo inspiró. Si en esta edad de obscuridad densa deseamos edificar iglesias efectivas que sean agentes de cambio en la sociedad, debemos edificar con el principio de oración. ¡Comienza con líderes orando! María, Reina de Escocia, dijo una vez, "Temo a las oraciones de Juan Knox más que a un ejército de diez mil hombres." La oración en la iglesia es la única esperanza de un genuino mover soberano del Espíritu Santo en poder y pureza.

La oración pone la obra de Dios en sus manos y la mantiene allí. La oración es el elemento divino mediante el cual el hombre viene en conexión directa con Dios. Oración es el único elemento que cambia una iglesia estancada en una iglesia de celo y fuego.

¿Quién oyó cosa semejante? ¿quién vio tal cosa? ¿Concebirá la tierra en un día? ¿Nacerá una nación de una vez? Pues en cuanto Sion estuvo de parto, dio a luz sus hijos (Is. 66:8).

La oración debe afectar la vida devocional personal de cada creyente en la iglesia así como la vida corporal de la congregación.

La oración corporal es la oración de todos los santos unidos de acuerdo, levantando sus voces en unidad.

Yo los llevaré a mi santo monte, y los recrearé en mi casa de oración; sus holocaustos y sus sacrificios serán aceptos sobre mi altar; porque mi casa será llamada casa de oración para todos los pueblos (Is. 56:7).

Un tiempo de oración antes de la reunión es una clave para la vida espiritual, el fluir y la unción.

Otro ángel vino entonces y se paró ante el altar, con un incensario de oro; y se le dio mucho incienso para añadirlo a las oraciones de todos los santos, sobre el altar de oro que estaba delante del trono. Y de la mano del ángel subió a la presencia de Dios el humo del incienso con las oraciones de los santos (Ap. 8:3,4).

Entonces volvieron a Jerusalén desde el monte que se llama del olivar, el cual está cerca de Jerusalén, camino de un día de reposo. Y entrados, subieron al aposento alto, donde moraban Pedro y Jacobo, Juan, Andrés, Felipe, Tomás, Bartolomé, Mateo, Jacobo hijo de Alfeo, Simón el Zelote y Judas hermano de Jacobo. Todos estos perseveraban unánimes en oración y ruego, con las mujeres, y con María la madre de Jesús, y con sus hermanos (Hch. 1:12-14).

Cuando llegó el día de Pentecostés, estaban todos unánimes juntos. Y de repente vino del cielo un estruendo como un viento recio que soplaba, el cual llenó toda la casa donde estaban sentados; y se les aparecieron lenguas repartidas, como de fuego, asentándose sobre cada uno de ellos. Y fueron todos llenos del Espíritu Santo, y comenzaron a hablar en otras lenguas, según el Espíritu les daba que hablasen (Hch. 2:1- 4).

Y ellos, habiéndolo oído, alzaron unánimes la voz a Dios y dijeron: Soberano Señor, tú eres el Dios que hiciste el cielo y la tierra, el mar y todo lo que en ellos hay; que por boca de David tu siervo dijiste: ¿Por qué se amotinan las gentes, y los pueblos piensan cosas vanas? Se reunieron los reyes de la tierra, y los príncipes se juntaron en uno contra el Señor, y contra su Cristo. Porque verdaderamente se unieron en esta ciudad contra tu santo Hijo Jesús, a quien ungiste, Herodes y Poncio Pilato, con los gentiles y el pueblo de Israel, para hacer cuanto tu mano y tu consejo habían antes determinado que sucediera. Y ahora, Señor, mira sus amenazas, y concede a tus siervos que con todo denuedo hablen tu palabra, mientras extiendes tu mano para que se hagan sanidades y señales y prodigios mediante el nombre de tu santo Hijo Jesús. Cuando hubieron orado, el lugar en que estaban congregados tembló; y todos fueron llenos del Espíritu Santo, y hablaban con denuedo la palabra de Dios (Hch. 4:24-31).

Si uno hace huir a mil y dos a diez mil, ¿podemos imaginarnos cuántos huirán estando unidos en oracion cientos de miles de santos? ¡El poder de la oración unida está más allá de nuestra comprensión! (Vea Sal. 141:1-2; Sal. 133:1-3; Lc. 1:9-11; Mt. 18:19-20.)

Debemos romper la esclavitud del silencio en nuestros tiempos de oración corporal.

La oración corporal puede también ser con una persona guiando en una meta específica con el acuerdo y la participación verbal de la congregación. En el libro del hermano Paul Yongi Cho, *Oración, la Clave del Avivamiento*, él describe la oración en su iglesia: "Uno de los ministerios más importantes de la iglesia Central del Evangelio Completo es la oración al unísono que tenemos durante cada culto. Siempre abrimos nuestros cultos con todos los presentes orando unánimes al mismo tiempo. Cuando oramos, lo hacemos con determinación y confianza. Cuando yo oigo a la iglesia orar, suena como una cascada poderosa y rugiente."

Un tiempo de oración antes de la reunión, sea media hora o una hora antes de cada culto, o un período de oración unificada intensa al principio de cada reunión, es una clave para la vida espiritual, el fluir, y la unción. Debemos quebrar la esclavitud del silencio en nuestros tiempos de oración corporal. En las Escrituras el silencio normalmente habla de muerte.

Mientras callé, se envejecieron mis huesos en mi gemir todo el día (Sal. 32:3).

Si no me ayudara Jehová, pronto moraría mi alma en el silencio (Sal. 94:17).

No alabarán los muertos a Jehová, ni cuantos descienden al silencio (Sal. 115:17).

Él guarda los pies de sus santos, mas los impíos perecen en tinieblas; porque nadie será fuerte por su propia fuerza (1 S. 2:9).

En la oración corporal debemos levantar nuestras voces con fe y poder. La Biblia tiene mucho que decir acerca de nuestra voz en oración y alabanza. Levantar, decir, clamar en voz audible y gritar son todas las expresiones usadas en las Escrituras para describir la oración. (vea Is. 37:4; 40:9; 42:11; 52:8; 58:1; Ex. 19:8, Sal. 30:12; Sal. 150:5; 2 Cr. 15:14; 2 Cr. 20:19; 2 Cr. 30:21; Mt. 27:46; Lc. 17:15; Lc. 19:37).

> **Cuando decimos amén expresamos nuestra participación en las oraciones compartidas como palabras de fe.**

Otra gran expresión bíblica que debería ser oída en nuestra oración es un audible ¡Amén! Diciendo amén juntos durante la oración, identifica a la gente con las palabras que se han orado, confirmando lo que ha sido dicho como verdadero, y expresando su acuerdo. Amén es la respuesta correcta de una congregación que practica la oración. Cuando decimos amén expresamos nuestra participación personal y nuestro acuerdo con las palabras compartidas como oraciones de fe. Amén indica firmeza, fiabilidad, certeza y verdad.

Carlos Finney, el hombre de avivamiento del siglo XVIII, dijo, "No puede haber avivamiento cuando el señor 'amén' y el señor 'ojos mojados' no se encuentran en la audiencia."

El Hombre Clave debe establecer un tiempo fuerte de oración durante o antes del culto. La oración corporal es uno de los principios de Cristo practicado en el libro de los Hechos por la iglesia primitiva, y fue continuada para ser una clave a través de las edades.

✦ La oración corporal es el ejército de Dios moviéndose en unidad.

Y profeticé como me había mandado, y entró espíritu en ellos, y vivieron, y estuvieron sobre sus pies, un ejército grande en extremo (Ez. 37:10).

✦ La oración corporal es el poder de acuerdo y su mejor expresión.

Otra vez os digo, que si dos de vosotros se pusieren de acuerdo en la tierra acerca de cualquiera cosa que pidieren, les será hecho por mi Padre que está en los cielos. Porque donde están dos o tres congregados en mi nombre, allí estoy yo en medio de ellos (Mt. 18:19-20).

✦ La oración corporal provee el poder necesario para atar al hombre fuerte.

De cierto os digo que todo lo que atéis en la tierra, será atado en el cielo; y todo lo que desatéis en la tierra, será desatado en el cielo (Mt. 18:18).

✦ La oración corporal puede remover los obstáculos que se atraviesan en el camino durante el avance espiritual.

Y cuando toquen prolongadamente el cuerno de carnero, así que oigáis el sonido de la bocina, todo el pueblo gritará a gran voz, y el muro de la ciudad caerá; entonces subirá el pueblo, cada uno derecho hacia adelante (Jos. 6:5).

✦ La oración corporal reconoce el principio espiritual de unidad, activando ese principio, y recibiendo los beneficios de la unidad corporal.

¡Mirad cuán bueno y cuán delicioso es habitar los hermanos juntos en armonía! Es como el buen óleo sobre la cabeza, el cual desciende sobre la barba, la barba de Aarón, y baja hasta el borde de sus vestiduras; como el rocío de Hermón, que desciende sobre los montes de Sión; porque allí envía Jehová bendición y vida eterna (Sal. 133).

- La oración corporal puede ser usada cuando alguien en la iglesia local está en grande prueba o necesidad.

Y habiendo considerado esto, llegó a casa de María la madre de Juan, el que tenía por sobre nombre Marcos, donde muchos estaban reunidos orando (Hch. 12:12).

- La oración corporal es una expresión poderosa de preparación espiritual cuando entramos en el culto de adoración congregacional.

¿Quién subirá al monte de Jehová? ¿Y quién estará en su lugar santo? El limpio de manos y puro de corazón; el que no ha elevado su alma a cosas vanas, ni jurado con engaño. Él recibirá bendición de Jehová, y justicia del Dios de salvación. (Sal. 24:3-5).

Un tiempo de oración antes de la reunión ayudará a la iglesia a entrar en la presencia de Dios con manos limpias y corazones puros.

Así que, hermanos, teniendo libertad para entrar en el Lugar Santísimo por la sangre de Jesucristo, por el camino nuevo y vivo que él nos abrió a través del velo, esto es, de su carne, y teniendo un gran sacerdote sobre la casa de Dios, acerquémonos con corazón sincero, en plena certidumbre de fe, purificados los corazones de mala conciencia y lavados los cuerpos con agua pura. Mantengamos firme, sin fluctuar, la profesión de nuestra esperanza, porque fiel es el que prometió (He. 10:19-23).

Acercaos a Dios, y él se acercará a vosotros. Pecadores, limpiad las manos; y vosotros los de doble ánimo, purificad vuestros corazones (Stg. 4:8).

El tiempo de oración antes del culto es especialmente establecido para suplir la necesidad del pueblo, en preparación para entrar a la adoración y oír la Palabra predicada. Este tiempo de oración ayuda a la iglesia a entrar en la presencia de Dios con manos limpias y corazones puros.

La oración ayuda a la iglesia a afinar sus oídos espirituales para oír la Palabra de Dios. La gente llega a la iglesia con su mente ocupada, llena de pensamientos que no siempre son agradables a Dios, santos, o de edificación. La gente necesita un tiempo para lavarse antes de sentarse a la mesa del banquete.

+ La oración corporal debe honrar a Cristo como rey, exaltando su trono y su nombre con espíritu de gratitud y agradeciéndole sus respuestas y su soberanía.

Exhorto ante todo, a que se hagan rogativas, oraciones, peticiones y acciones de gracias, por todos los hombres (1 Ti. 2:1).

+ La oración corporal prepara la atmósfera para que el Espíritu Santo pueda moverse en poder en un ambiente de expectación.

Pedro, con Juan, fijando en él los ojos, le dijo: Míranos. Entonces él les estuvo atento, esperando recibir de ellos algo. Más Pedro dijo: No tengo plata ni oro, pero lo que tengo te doy; en el nombre de Jesucristo de Nazaret, levántate y anda (Hch. 3:4-6).

Como reza el dicho, el sol brilla a los ojos abiertos. La iglesia debe cultivar una actitud receptora, y un espíritu y mente abiertos; una actitud correcta hacia los dones y el poder de Dios. Cuando un hombre sediento viene a la fuente, él sostiene su copa en una manera vertical.

✦ La oración corporal puede cultivar pasión y fe para que la cosecha sea levantada.

No temas, porque yo estoy contigo; del oriente traeré tu generación, y del occidente te recogeré. Diré al norte: Da acá; y al sur: No detengas; trae de lejos mis hijos ,y mis hijas de los confines de la tierra, todos los llamados de mi nombre; para gloria mía los he creado, los formé y los hice. (Is. 43:5-7).

Entonces dijo a sus discípulos: A la verdad la mies es mucha, mas los obreros pocos. Rogad, pues, al Señor de la mies, que envíe obreros a sus mies (Mt. 9:37-38).

Juan Geddie, el padre de las misiones presbiterianas en los mares del sur, con éxito recogió la cosecha. La inscripción que los isleños pusieron en su iglesia decía, "Cuando él llegó a esta tierra en 1848 no había cristianos. Cuando el salió en 1872 no había impíos."

Si la iglesia pudiera despertar a la responsabilidad de

intercesión, evangelizaríamos el mundo en un tiempo corto. No es el plan de Dios que el mundo sea solamente evangelizado. Finalmente deberá ser evangelizado en cada generación.

Joel 2:1-9 es un llamado a la oración corporal. Observemos:

- Tocad trompeta en Sión.
- Santificad la reunión.
- Llamen a una convocación solemne.
- Reunid al pueblo.
- Santificad la congregación.
- Reúnanse los ancianos.
- Reunid a los niños.
- Que los sacerdotes ministros de Jehová lloren.
- Que digan, "Perdona a tu pueblo, oh Señor."

No permita que las cosas espirituales lleguen a ser comunes.

Como adoradores que oran entremos en cada culto de adoración con reverencia y temor. Dios es grandemente temido en la asamblea de los santos. Nunca debemos tomar las cosas espirituales como algo que venga a ser común para nosotros. Establezcamos un tiempo de oración, donde dejemos al Espíritu Santo y su poder fluir y soplar sobre los creyentes en preparación al propósito espiritual.

Si la oración es estimada altamente por el Hombre Clave y el liderazgo, la congregación también los seguirá. El Hombre Clave debe hacer un pacto con Dios con respecto a la oración como lo hizo el rey Asa en el Antiguo Testamento. El rey Asa recibió una palabra profética maravillosa y aun con cierto temor en 2 Crónicas 15:1-7. La palabra profética le prometía:

+ El Señor estará contigo si tú permaneces con él.
+ El Señor te guiará a encontrarle si diligentemente le buscas.
+ El Señor no te va a abandonar si tu no le dejas a él.
+ El Señor te recompensará si le buscas.

2 Crónicas 15:12 identifica la actitud que cada Hombre Clave y cada miembro del equipo del liderazgo debe tratar de establecer.

Entonces prometieron solemnemente que buscarían a Jehová el Dios de sus padres, de todo su corazón y de toda su alma (2 Cr. 15:12).

Mas si desde ahí buscares a Jehová tu Dios, lo hallarás, si lo buscares de todo tu corazón y de toda tu alma. Cuando estuvieres en angustia, y te alcanzaren todas estas cosas, si en los postreros días te volvieres a Jehová tu Dios, y oyeres su voz; Porque Dios misericordioso es Jehová tu Dios; No te dejará, ni te destruirá, ni se olvidará del pacto que les juró a tus padres (Dt. 4:29-31).

Gloriaos en su santo nombre; alégrese el corazón de los que buscan a Jehová. Buscad a Jehová y su poder; Buscad su rostro continuamente (1 Cr. 16:10-11).

Poned, pues, ahora vuestros corazones y vuestros ánimos en buscar a Jehová vuestro Dios; y levantaos, y edificad el santuario de Jehová Dios, para traer el Arca del pacto de Jehová, y los utensilios consagrados a Dios, a la casa edificada al nombre de Jehová. (1 Cr. 22:19).

Si se humillare mi pueblo, sobre el cual mi nombre es invocado, y oraren, y buscaren mi rostro, y se convirtieren de sus malos caminos; entonces yo oiré desde los cielos, y perdonaré sus pecados, y sanaré su tierra (2 Cr. 7:14).

El pueblo de Dios debe estar dispuesto a rendirse a sí mismo al pacto de buscar el rostro del Señor – una entrega hecha como un juramento. Que el Señor nos dé líderes como el rey Asa los cuales llamarán a la iglesia al pacto de oración durante estos tiempos extraordinarios.

CAPÍTULO DIECIOCHO

EL HOMBRE CLAVE Y SUS SUEÑOS

Puntos Sobresalientes

- Dios desea ayudarnos a desarrollar nuestro pleno potencial y realizar nuestro propósito en la vida.

- Un Hombre Clave con una visión poderosa o un sueño fuerte será de inspiración y energía a los que le rodean.

- Cuanto más el Hombre Clave se alimenta de la Palabra de Dios, más enfocado llega a ser.

- Rodéese con cuantas relaciones saludables estén en unidad con su sueño.

- El Hombre Clave debe ser un soñador, uno que sueña intensa y enfocadamente.

*La esperanza tardía trae pesadumbre;
pero cuando por fin se cumplen los sueños,
hay vida y gozo.*

- Proverbios 13:12, La Biblia al Día

El futuro pertenece a aquellos que tienen sueños. Todos los grandes hombres y mujeres han sido motivados por sus sueños dados por Dios. La gente que tiene un plan y la fe para vivir sus sueños verdaderamente, vive una vida de entusiasmo y realización. Dios desea ayudarnos a desarrollar nuestro pleno potencial y traer a la realidad nuestro propósito en la vida. Él tiene un plan definitivo para la vida de cada persona, vistiéndole visible o invisiblemente para alguna tarea exacta. Esa tarea será el verdadero significado y la gloria de quien la ha cumplido.

Así que cuidado cómo viven ustedes. Sean sabios, no ignorantes; aprovechen bien el tiempo, porque los días son malos (Ef. 5:15-16, La Biblia al Día).

Juan Killinger contó la historia de oír a W. Clement Stone, un hombre millonario y filántropo de Chicago que replicaba la siguiente pregunta: "¿Cómo es que ha podido hacer tanto en su vida?" Stone explicó, "He soñado, he soltado mi mente para imaginar todo lo que he querido hacer. Luego he ido a la cama pensando acerca de mis sueños. En la noche he soñado en ellos. Cuando me levanto en la mañana he visto la forma de cumplir estos sueños. Y mientras otras personas estaban diciendo, 'No puedes hacer eso; eso no es posible', yo ya estaba en el camino para lograr lo que quería."

CAPÍTULO DIECIOCHO

> **El Hombre Clave con su visión poderosa puede activar a todos los que le rodean.**

Esto es el gran poder de tener un sueño—un deseo ardiente en lo profundo de uno mismo, que crea la energía. Esta es la energía que sirve para proyectar al Hombre Clave a acción.

Un Hombre Clave con una visión o sueño poderoso va a entusiasmar a todos los que le rodean. ¿Qué haría con su vida o qué intentaría hacer si supiera que era imposible fracasar?

> **Una visión o sueño merece y demanda enfoque.**

Dios comienza cada milagro potencial en su vida de usted con un cuadro de fe nacido por el Espíritu Santo. Esta idea y visión invisible eventualmente dará nacimiento a un cumplimiento visible y tangible.

Nuestros sueños y visiones comienzan de cuadros no desarrollados en la profundidad de nuestro corazón y nuestra mente – cosas que vemos que Dios quiere hacer en el futuro. Cuanto más el Hombre Clave se alimenta de la Palabra de Dios con entendimiento, más enfocado llega a ser. El propósito de Dios se convierte en algo más y más claro mientras él articula su visión bíblica.

La visión crea un futuro brillante, desarrolla nuestro nivel de motivación, y suple un estímulo poderoso para obrar con eficacia hacia la realización. La visión le proyecta hacia su destino y sella el mismo. Como Sócrates dijo, "Tenemos una mejor oportunidad de dar al blanco si podemos verlo."

EL HOMBRE CLAVE Y SUS SUEÑOS

Soñar es:

✦ Anticipar lo que va a suceder y contemplarlo con placer.

✦ Tener una esperanza afectuosa o aspiración por el futuro.

✦ Encarar obstáculos con la determinación de un ganador.

✦ Establecer metas específicas mediante las cuales marcamos nuestros logros.

✦ Mirar más allá de lo que es el presente para traer lo que debería ser el futuro.

Sin profecía (visión) el pueblo se desenfrena; mas el que guarda la ley es bienaventurado (Pr. 29:18).

Cada Hombre Clave necesita llegar a ser un José en el Reino de Dios. José fue un hombre de fortaleza y propósito claro. Fue un hombre que tuvo un destino claro. José es un cuadro profético de todos los que sueñan las visiones y sueños de Dios, y luego pagan el precio para hacerlos realidad. (Vea Gn. 37-50; Sal. 105:17).

Y soñó José un sueño, y lo contó a sus hermanos; y ellos llegaron a aborrecerle más todavía. (Gn. 37:5).

Soñó aun otro sueño, y lo contó a sus hermanos, diciendo: He aquí que he soñado otro sueño, y he aquí que el sol y la luna y once estrellas se inclinaban a mí (Gn. 37:9).

Los sueños de José fueron dados por Dios y su futuro fue gobernado divinamente. Visiones y sueños muchas veces enfocan solamente el resultado final, el logro prometido. Las pruebas, dolores, vicisitudes, tristezas, dificultades, retardos y desilusiones usualmente no están en el sueño. Como reza el dicho, "Felices son los que sueñan sueños y están listos para pagar el precio para hacerlos realidad."

> **Un objetivo específico permitirá al equipo tirar todos con la misma fuerza hacia una visión unificada.**

Un sueño es una declaración de la misión en la vida, una meta determinada que Dios ha inspirado resultando en la extensión y la fructificación del Reino.

Clama a mí, y yo te responderé, y te enseñaré cosas grandes y ocultas que tú no conoces (Jer. 33:3).

Ciertamente espíritu hay en el hombre, y el soplo del Omnipotente le hace que entienda (Job 32:8)

Deléitate asimismo en Jehová, y él te concederá las peticiones de tu corazón (Sal. 37:4).

El Señor inspirará el corazón del Hombre Clave con la visión para los propósitos divinos. Esta visión o sueño merece y demanda enfoque, manteniendo el ojo en la meta. Nunca cumplirá su visión sin un fuerte deseo. Visualización alimentará el fuego de la visión nacida de Dios en su corazón.

Deseo es el lugar donde comienza el logro. (Vea He. 12:2; Mt. 6:22; Sal. 101:3). Cuando se mueve hacia la visión que Dios le da, rodéese con buenas relaciones saludables que estén en unidad con su sueño. Puede perder la motivación de su sueño siendo rodeado de falta de fe, falta de visión y gente centrada en el mundo (Pr. 13:20). Atrévase a alcanzar la compañía de grandes pensadores.

Invierta en buenos libros, absorba el espíritu y las actitudes victoriosas que los han lanzado al éxito. *El Liderazgo Transformador* de Leighton Ford, y *Renovando Nuestro Ministerio* de David McKenn son libros que forjan vidas.

Lea autobiografías de grandes hombres y mujeres que han alcanzado a cumplir sus sueños. Sea inspirado por su vida de sacrificio y su actitud de nunca rendirse. ¡Absorba, absorba, absorba!

Lea libros que amplíen su capacidad mental como *Cerrando la Mentalidad Americana* de Bloom. Otro libro del mundo secular que puede ayudarle a agudizar su manera de pensar como un visionario es *El Hombre que Descubrió la Calidad* de Anvaea Gabor. Este es un libro acerca de W. Edward Deming, el norteamericano que revolucionó el producto de excelencia en Japón hace más de 20 años y luego regresó a un fracaso obvio en la industria automotriz norteamericana.

> **La mayoría de la gente planea más para una semana de vacaciones que para su jornada de toda la vida.**

El Hombre Clave debe ser un soñador, un hombre de una dotación rara para intensidad y enfoque. El Hombre Clave debe enfocar su vida entera en su sueño. Debe ser un objetivo específico, una meta de fe específica que permitirá a los miembros del equipo tirar todos en unidad hacia una visión unificada. El sueño del Hombre Clave debe llegar a ser la pasión dominante de su vida, llenando cada espacio disponible dentro de sí, y saturando cada distracción y adversidad.

Una persona siempre se moverá en la dirección de su pensamiento más dominante. Use su imaginación, esa máquina invisible dentro de su mente que tiene el poder de crear la visión dada por Dios, cuadros de destino en tecnicolor. Los grandes triunfadores aprendieron a repasar las memorias de sus triunfos pasados y repasar también cuadros de sus éxitos deseados.

El Hombre Clave no sólo debe soñar grandes sueños, sino hacer planes de cómo traerlos a la realidad.

Porque de la mucha ocupación viene el sueño, y de la multitud de las palabras la voz del necio (Ec. 5:3).

Con sabiduría se edificará la casa, y con prudencia se afirmará (Pr. 24:3).

Haga un plan detallado del sueño que Dios le ha dado. Muchos líderes tienen grandes sueños, pero ningún plan para traerlos a cumplimiento. ¡La gente planea más para una semana de vacaciones que para su viaje de toda su vida!

Encomienda a Jehová tus obras, y tus pensamientos serán afirmados (Pr. 16:3).

Dios ama a uno que hace planes. Dios respeta a la gente que piensa suficiente en sus sueños para crear planes para su cumplimiento. Noé tuvo un plan para el arca y Moisés para el tabernáculo.

No se rinda en medio del desánimo o la prueba severa.

El Hombre Clave es llamado para ser un triunfador. Levántese hoy y comience a soñar grandes sueños con Dios. D. L. Moody dio a sus hijos unas grandes amonestaciones sobre su lecho de muerte. Él dijo, "Si Dios es tu socio, ¡haz tus planes grandes!" No sucumbamos a la mediocridad. No nos rindamos en medio del desánimo o en las pruebas severas. Atendamos a las palabras de Long-Fellow. "Grande es el arte de comenzar, pero más grande es el arte de terminar." Somos llamados a desarrollar la visión hasta su fin. Pongamos nuestros ojos en el apóstol Pablo, el gran visionario que terminó su carrera.

Pablo terminó sin naufragios. Vivió su sueño y murió con satisfacción. Pudo triunfalmente decir, "Hice lo mejor que pude, escogí lo mejor, y serví al mejor. Que todos los líderes lleguen a ser como Pablo en su pasión y perseverancia de cumplir sus sueños.

✦ Pablo derramó su vida como una ofrenda.

Porque yo ya estoy para ser sacrificado, y el tiempo de mi partida está cercano (2 Ti. 4:6).

✦ Pablo triunfó exitosamente sobre los obstáculos de su carrera.

He peleado la buena batalla, he acabado la carrera, he guardado la fe (2 Ti. 4:7).

✦ Pablo mantuvo su fe en medio de los desertores.

Porque Demas me ha desamparado, amando este mundo, y se ha ido a Tesalónica. Crescente fue a Galacia, y Tito a Dalmacia (2 Ti. 4:10).

✦ Pablo mantuvo sus ojos en el verdadero Juez que ve todas las cosas pasadas, presentes, y futuras.

Por lo demás, me está guardada la corona de justicia, la cual me dará el Señor, Juez justo, en aquel día; y no sólo a mí, sino también a todos los que aman su venida. (2 Ti. 4:8).

✦ Pablo cultivó un espíritu de perdón. Nunca culpó a otros de sus problemas o de sus pruebas.

En mi primera defensa ninguno estuvo a mi lado, sino que todos me desampararon; no les sea tomado en cuenta. (2 Ti. 4:16).

✦ El secreto de Pablo de su fortaleza fue su conciencia que Dios siempre estuvo con él. ¡Nunca estuvo solo!

Pero el Señor estuvo a mi lado, y me dio fuerzas, para que por mí fuese cumplida la predicación, y que todos los gentiles oyesen. Así fui librado de la boca del león. Y el Señor me librará de toda obra mala, y me preservará para su Reino Celestial. A él sea gloria por los siglos de los siglos. Amén (2 Ti. 4:17-18).

El éxito debe ser medido no tanto por la posición que uno ha alcanzada en la vida, sino por los obstáculos que ha vencido mientras intentaba llegar a su meta.
– Booker T. Washington

APÉNDICE

El Alto Llamamiento

Si Dios le ha llamado para ser realmente como Jesús en su espíritu, él lo llevará a una vida de crucifixión y humildad, y pondrá en usted tales demandas de obediencia, que no le permitirá seguir a otros cristianos, y en muchas maneras parecerá que Dios permitirá a otras personas buenas hacer cosas que no le permite a usted.

Otros cristianos y ministros que parecen muy religiosos y útiles pueden presionarse a sí mismos, usar palancas, tomar el sartén por el mango para implementar sus planes, pero usted no podrá hacerlo; si lo intenta, encontrará tal falla y reprensión del Señor, que lo hará sentir extremadamente penitente.

Otros pueden jactarse de sí mismos, de su trabajo, de su éxito, de sus escritos, pero el Espíritu Santo no le permitirá hacer tal cosa. Si comienza a hacerlo, le guiará a tan profunda mortificación, que usted se despreciará a sí mismo y a todas sus buenas obras.

A otros les será permitido acumular grandes sumas de dinero, o recibir una herencia, y así, vivir con lujos, pero Dios va a suplirle a usted en bases cotidianas, porque él quiere que dencia incondicional de él, que él pueda tener el privilegio de proveer para sus necesidades diariamente de un tesoro no visto. Dios permitirá a otros ser grandes, pero mantenerle a usted pequeño. Permitirá a otros hacer una obra por él y recibir el crédito o la honra por lo hecho, pero a usted él le hará trabajar y obrar sin saber qué tanto está haciendo. Luego le hace trabajar más precisamente, al permitir a otros recibir el crédito por lo que usted ha hecho, y esto hará su recompensa diez veces más grande cuando Cristo venga.

El Espíritu Santo pone una estricta vigilancia sobre usted, con un amor celoso, y le reprenderá por pequeñas palabras y sentimientos, o por perder el tiempo, que para otros cristianos no es preocupación. Así que alinee su mente al hecho de que Dios es Soberano, el Soberano Infinito, y que tiene el derecho de hacer lo que le place con lo suyo, y no le explicará las mil cosas que son un rompecabezas para su razón o manera de pensar, en sus tratos con usted.

Dios tomará la palabra de usted, y si completamente se vende para ser su esclavo, él lo envolverá en un amor celoso, permitiendo a otros decir y hacer muchas cosas que usted no puede. Establézca para siempre que usted tiene que tratar directamente con el Espíritu Santo, y que él tiene el privilegio de atar su lengua, encadenar sus manos o cerrar sus ojos, en la forma en que otros no son tratados.

Ahora, cuando usted esté tan poseído por el Dios Viviente, y en lo secreto de su corazón se sienta agradado y deleitado sobre estos tratos personales, celosos, peculiares y privados, reconociendo la guardia y dirección del Espíritu Santo sobre su vida, entonces habrá encontrado el zaguán del cielo.

— *Autor desconocido*

NOTAS

1 Frank Damazio, *La Hechura de un Líder*. (Portland: Bible Temple Publishing, 1988)

2 Howard Snyder, *The Problem With Wineskins (El Problema de los Odres)*. (Illinois: Inter-varsity Press, 1975).

3 Bill Hull, *Disciple Making Pastor (El Pastor que Hace Discípulos)*. (Old Tappan: Fleming H. Revell, 1988).

4 Gene Edwards, *The Tale of Three Kings (La Historia de Tres Reyes)*. Auburn: Christian Books).

5 Thomas Gillespie, *The Laity in Biblical Perspective (Los Laicos en la Perspectiva Bíblica)*.

6 George Barna, *The Frog in the Kettle (La Rana en la Olla); The User Friendly Church (La Iglesia de Manejo Fácil)*. (Ventura: Regal Books, 1990, 1991).

7 Jack Hayford, *Prayer—Invading the Impossible (La Oración—Invadiendo lo Imposible)*. (Plainfield: Logos International, 1977).

8 Yongi Cho, Prayer—*Key to Revival (La Oración—Clave del Avivamiento)*. (Waco: Word Books, 1984).

Dr. Frank Damazio lleva más de cuarenta años en el ministerio como profesor universitario, plantador de iglesias, pastor principal de una gran iglesia multisitio, presidente de un instituto bíblico y presidente de una comunidad de iglesias. Frank se graduó de Portland Bible College, tiene una Maestría en Divinidad y un Doctorado en Ministerio de la Universidad Oral Roberts, y es autor de más de 30 libros. Actualmente, dedica su vida a tiempo completo a Frank Damazio Ministries, creando recursos web, ofreciendo coaching de liderazgo, impartiendo intensivos de liderazgo, escribiendo nuevos libros y dando conferencias a nivel nacional e internacional.

TAMBIÉN POR EL DR. FRANK DAMAZIO Y DISPONIBLES EN ESPAÑOL

Dessarrollando el Ministerio Profético es un estudio conciso sobre el ministerio profético, en el que se distingue claramente entre el don de profecía y el oficio de profeta. Este libro ofrece orientación práctica para desempeñar eficazmente el ministerio profético en el contexto de la iglesia local. *También disponible en inglés.*

La Hechura de un Lider ofrece un amplio y profundo análisis de lo que significa ser responsable de un grupo de «seguidores». Este best seller clásico presenta un análisis bíblico de la filosofía, la historia, las cualificaciones, la preparación y la práctica del liderazgo cristiano. Gráficos, diagramas e ilustraciones enriquecen este estudio sobre el liderazgo cristiano, ampliamente utilizado y de probada eficacia. *También disponible en inglés y como guía de estudio.*

Para pedir una orden, por favor visite MannahouseResource.com.
Email | connect@mannahouseresource.com
Phone | 1-800-382-1803

TAMBIÉN POR EL DR. FRANK DAMAZIO
SÓLO DISPONIBLES EN INGLÉS

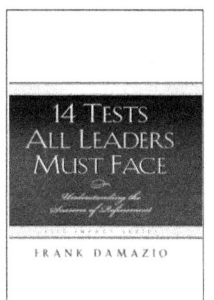

14 Tests All Leaders Must Face explora las pruebas clave que Dios utiliza para liberar todo el potencial de aquellos a quienes unge. Desde las pruebas del tiempo, el carácter y la motivación hasta las del servicio, la paciencia y la visión, cada capítulo desentraña cómo estos desafíos están diseñados para profundizar tu relación con Dios, aumentar tu capacidad y fortalecer tu carácter para lograr una influencia duradera y un liderazgo eficaz.

Timothy Training Program es un recurso para el desarrollo del liderazgo basado en los principios de mentoría de Pablo que se encuentran en 1 y 2 Timoteo. Diseñado para grupos pequeños o clases medianas, combina la enseñanza, el debate y el discipulado práctico para ayudar a equipar y formar a los líderes del futuro. *Disponible en ediciones para profesores y alumnos.*

Discovering Church Life es una serie de 24 lecciones diseñada para enseñar a los creyentes verdades fundamentales sobre la vida en la iglesia local, la Iglesia corporativa y el Reino de Dios. Basada en principios bíblicos, esta serie cubre los acontecimientos más importantes en la vida del creyente, desde el arrepentimiento inicial, la gracia y el bautismo, hasta el crecimiento espiritual progresivo y el descubrimiento de la voluntad de Dios a través de las verdades bíblicas. Disponible en ediciones para maestros y alumnos.

The Gate Church presenta un nuevo modelo para la vida de la iglesia y muestra cómo la Iglesia, agente de Dios para alcanzar a los perdidos, conecta el cielo y la tierra. Utilizando la escalera de Jacob como ilustración, los lectores verán que pueden experimentar la misma atmósfera celestial que Jacob vio en su sueño. Descubre la autoridad, el poder y los resultados que Dios quiere para tu iglesia.

Para pedir una orden, por favor visite MannahouseResource.com.
Email | connect@mannahouseresource.com
Phone | 1-800-382-1803

TAMBIÉN DE MANNAHOUSE RESOURCE
SÓLO DISPONIBLES EN INGLÉS

POR DERRILL CORBIN
Made to Move ofrece una visión inspiradora de la iglesia como una comunidad de discípulos que se acercan continuamente a Dios, a los demás y al mundo que les rodea para promover el movimiento de Jesús. Tanto si necesitas un impulso en tu vida espiritual como una nueva motivación para la misión de tu iglesia, este libro despertará tu fe y ampliará tu visión de lo que Dios quiere hacer en y a través de su pueblo.

POR DICK IVERSON
The Holy Spirit Today es una guía de referencia ideal para responder preguntas complejas sobre el bautismo en el Espíritu Santo, el hablar en otras lenguas y los dones del Espíritu. Estos principios fundamentales son ideales para el estudio personal o en grupo.

POR KEVIN J. CONNER
The Foundations of Christian Doctrine ofrece una de las presentaciones más relevantes y claras de las grandes doctrinas de la fe. Sin una base sólida en teología, es difícil ser un intérprete y exégeta competente de las Escrituras. Este aclamado libro de texto es una obra de referencia para muchos institutos bíblicos de todo el mundo.

POR KEVIN J. CONNER
Interpreting the Symbols and Types descifra el lenguaje bíblico de los símbolos y los tipos, lo que permite comprender mejor la verdad de las Escrituras. Este lenguaje de origen divino revela características y matices de significado que se perderían para el creyente que no esté familiarizado con esta terminología.

Para pedir una orden, por favor visite MannahouseResource.com.
Email | connect@mannahouseresource.com
Phone | 1-800-382-1803

www.ingramcontent.com/pod-product-compliance
Lightning Source LLC
Chambersburg PA
CBHW062206080426
42734CB00010B/1819